LA STATUE DE L'ABBÉ FILIOL

La statue de l'abbé FILIOL

L'ABBÉ MAXIMIN LALANDE

LA STATUE DE L'ABBÉ FILIOL

RENSEIGNEMENTS COMPLÉMENTAIRES
SUR LA VIE
DU JEUNE PRÊTRE MARTYR, DE BOUVAL

AURILLAC
IMPRIMERIE MODERNE
1900

†.

Daigne SA GRANDEUR

Monseigneur LAMOUROUX

Évêque de Saint-Flour

Accepter la dédicace de ce modeste travail destiné à glorifier un des prêtres les meilleurs de sa grande famille sacerdotale.

L. M.

Saint-Cirgues, ce 29 mai 1900.

En la fête de *saint Maximin*.

†

ÉVÊCHÉ DE SAINT-FLOUR

1er juillet 1900.

Bien cher monsieur le Curé,

Vous venez de composer un nouveau livre, intitulé : LA STATUE DE L'ABBÉ FILIOL. Renseignements complémentaires sur la vie du jeune prêtre martyr, de Bouval.

Vous avez bien voulu m'en offrir la dédicace. Je vous remercie de cet hommage.

Ce livre est comme la suite de celui qui a pour titre : L'Abbé Filiol. *Déjà, en effet, vous aviez publié la vie si intéressante, si instructive et si édifiante de ce jeune prêtre martyr, une des plus pures gloires du clergé cantalien. Mais non content d'avoir élevé à la mémoire de ce vaillant confesseur de la Foi, grâce à de patientes et laborieuses recherches, un monument écrit sur du papier, vous avez voulu en dresser un autre de pierre et d'airain, afin qu'il ait pour témoins, sous le soleil des siècles, toutes les générations qui viendront tour à tour fouler notre sol généreux et recueillir ses souvenirs.*

Dieu sait ce qu'il vous en a coûté de pénibles efforts et de patiente énergie pour réaliser ce vœu de votre cœur de prêtre et de compatriote ! Mais enfin c'est fait et bien fait. Soyez-en félicité et mille fois remercié. Grâce à vos soins, aux habiles industries de votre zèle persévérant et de votre dévouement infatigable, tout le monde peut maintenant admirer de près et même saluer de loin la superbe statue de notre héros de 29 ans, du noble enfant de notre chère Auvergne, édifiée non loin de sa paroisse natale, heureuse et fière d'avoir la garde de ce beau monument, et sur le site riant du puy de Bouval, à l'ombre du tilleul séculaire qui en couronne le sommet.

Vous avez voulu, afin de mieux faire connaître l'œuvre, en faire l'historique, en raconter les laborieux débuts, les grandes proportions, les difficultés nombreuses de son exécution, les sympathies efficaces qu'elle a rencontrées, et enfin son éclatant succès au jour où elle fut solennellement inaugurée. Votre reconnaissance a tenu surtout à rendre un public hommage à toutes les charitables personnes qui, de près ou de loin, par des offrandes ou des souscriptions plus ou moins considérables, ont contribué à la réalisation de cette très coûteuse entreprise. Vous oubliant vous-même, vous avez fait ressortir la part de mérite de chacun, trop exagérée en ce qui me concerne. Aussi, soit dit en passant, suis-je gêné pour louer votre œuvre comme il le faudrait.

Afin d'atteindre votre but, vous avez dû citer beaucoup de noms propres, entrer dans bien des détails d'une importance secondaire, il est vrai, pour l'histoire générale, mais tout à fait à leur place dans une Notice d'intérêt local, comme celle que vous venez d'écrire. On éprouvera du charme à la lire, car le style est d'une noble simplicité, plein de chaleur et de vie.

Si c'est dans son premier livre qu'un auteur met ce qu'il a de meilleur, le second que vous faites paraître, ne sera pas effacé, je pense, par son devancier. Il le complètera au contraire heureusement. Je leur souhaite à tous deux le succès que vous pouvez leur désirer vous-même.

Agréez, avec ce vœu et mes félicitations, bien cher monsieur le Curé, l'assurance de mes sentiments affectueusement dévoués en N.-S.

† *JEAN*,
évêque de Saint-Flour.

AVANT-PROPOS

Les perles, quoique mal enfilées, avons-nous déjà dit ailleurs, ne perdent rien pour cela de leur valeur réelle. Et c'est à profusion que des bouches éloquentes les semèrent sur le Puy de Bouval, le jour de l'inauguration de la statue du glorieux Abbé Filiol.

Après bien des hésitations, nous venons enfin, non seulement glaner parmi elles, mais les cueillir toutes, d'une main pieuse et avide, afin que pas une ne s'égare.

Oui, allons-y, tant que notre cœur brûle encore de la flamme capiteuse du souvenir, pour parler comme Jean Ajalbert, dans son livre En Auvergne. *Essayons de tresser une couronne, aussi belle que possible, que nous déposerons respectueusement, et avec amour, sur le front du jeune martyr. Et peu nous chaut que certains dilettanti de la littérature pensent que nous aurions pu donner à l'écrin qui contient ces beaux diamants des contours plus gracieux, des ciselures plus artistiques... Notre modeste prose n'a point la prétention de vouloir s'égarer jamais sur les hauteurs de l'éloquence. Mais elle veut cheminer sans bruit à travers les sentiers du mamelon, pour cueillir des souvenirs, des impressions, et faire de tout cela comme un bouquet fleuri. Tel un jardinier, après avoir dévalisé un jardin magnifique, ne dédaigne pas d'aller chercher dans le champ voisin une pauvre fleur sauvage qui fera ressortir la beauté de ses sœurs plus privilégiées.*

Nous tresserons donc cette couronne, un peu pour notre satisfaction personnelle, beaucoup par reconnaissance pour tous les héros du jour (1), *comme aussi pour tous les journaux catholiques du Cantal et d'ailleurs, qui voulurent bien en châsser les perles dans leurs hospitalières colonnes. Nous citerons la* Croix du Cantal, *le* Moniteur, *la* Semaine catholique, *le* Courrier d'Auvergne, *le* Moniteur universel, *de Paris, et plusieurs comptes rendus inédits que leurs auteurs, par modestie sans doute, nous firent parvenir directement.*

Des mois et des années se sont écoulés depuis; mais ils n'ont altéré nullement les sentiments de profonde gratitude que leur conservera toujours le modeste signataire de ces lignes. Merci à tous ceux — prêtres et laïques — qui voulurent bien, sous une forme ou sous une autre, nous prêter leur précieux concours pour la réalisation d'une idée et le couronnement d'une œuvre qui feront la joie de notre vie sacerdotale...

L'abbé M. LALANDE.

Saint-Cirgues-de-Jordanne, ce 9 mars 1900

(1) *Monseigneur Lamouroux, évêque de Saint-Flour, Monseigneur Pagis, évêque de Verdun, M. Henri de La Farge, de Burc, maire de Barriac, M. Arsène Vermenouze, capiscol de l'*Escolo oubergnato, *et le chanoine Calhat, aumônier du lycée de Montauban.*

AVANT L'ÉRECTION

Il y a quelque cent ans, sur l'échafaud révolutionnaire, dressé en pleine place de Mauriac, un jeune prêtre d'Auvergne, l'abbé François Filiol, natif de Bouval, près Pleaux, montait courageusement et courageusement donnait sa tête pour la Foi. Ce martyre, véritable assassinat, produisit alors dans toute la région une impression profonde. C'était pour la première fois que la guillotine fonctionnait à Mauriac. Mais les années avaient marché depuis et le silence le plus absolu s'était fait autour de ce glorieux cercueil.

De l'abbé Filiol on ne savait presque rien. Monsieur l'abbé Serres, dans son beau livre de *Catinon-Menette* en fait, il est vrai, une courte mention. Sans cet ouvrage, nous eussions sans doute toujours ignoré, comme bien d'autres, l'existence même du jeune héros. Et cependant, chaque jour, nous foulions le sol qui l'avait vu naître et vivions de l'atmosphère qu'il avait respirée lui-même.

L'idée nous vint alors d'occuper nos loisirs à faire quelques recherches. Nous commençâmes d'abord très discrètement, presque en cachette, ne parlant de notre projet à personne et n'ayant en nous-même qu'une confiance très limitée. Nous voulions nous éviter ainsi la confusion d'une tentative devenue inutile.

On était alors aux premiers jours de janvier 1894. Au mois d'octobre de cette même année, paraissait à Saint-Flour, à l'imprimerie Boubounelle, une notice biographique de 130 pages in-octavo, illustrée de deux belles photogravures représentant, l'une le vrai portrait du martyr, l'autre sa maison natale que l'on voit encore à Bouval.

Dans l'espace de huit mois, nous avions fouillé patiemment, et le jour et la nuit, avec une ténacité toute auvergnate, les archives de Pleaux, de Mauriac, de Clermont et d'ailleurs, exhumé de vieux textes oubliés, compulsé des volumes de documents privés et publics, sans oublier toutefois d'interroger les vieillards, en qui s'incarnent souvent de bien précieuses traditions.

Oh ! les vieux manuscrits, quel charme ils ont à nos yeux ! Plus ils sont fripés, plus ils sont usés par le temps ou par la dent des rats, plus on les aime. Ils sont comme une émanation directe du passé, ou plutôt un morceau du passé revit en eux. On les ouvre avec respect, comme si l'on ouvrait une tombe, et, lorsqu'on aime le passé, on sent monter comme un doux parfum de poésie...

A notre grande surprise, cette première édition, tirée à 500 exemplaires, fut bien vite épuisée. Bon nombre d'écoles libres du diocèse voulurent bien la donner à leurs élèves comme livre de prix. Cela prouve que nos maîtres et maîtresses chrétiens comprennent qu'on ne saurait jamais assez propager le culte et le souvenir des belles âmes. des nobles et fiers caractères, dans un temps où il y en a si peu. Et l'âme de l'abbé Filiol fut belle ; son cœur, noble et généreux.

C'est alors que, sur les conseils sages et éclairés de plusieurs amis et en particulier du regretté M. Chabau, et pour corriger certaines erreurs involontaires ou combler des lacunes inévitables, nous entreprîmes de nouvelles recherches, en vue d'une nouvelle édition. Dans ce pénible travail, nous fûmes très utilement secondé par M. l'abbé Romain Bastide, vicaire à la Madeleine, M. l'abbé Serres, le savant et pieux solitaire de la Thébaïde, M. l'abbé Soucher, curé de Saint-Amandin et enfin par M. Chabau lui-même, alors directeur de la *Semaine catholique*, lequel avait un vrai culte pour les choses du passé.

Au mois de juin 1896, sous le titre : *l'Abbé Filiol* — Episode de la Révolution en Auvergne — paraissait à l'Imprimerie Moderne une deuxième édition, revue et augmentée, tirée à 1000 exemplaires, un in-octavo de 300 pages, couverture or et couleurs, texte elzévirien, avec filets rouges et deux photogravures artistiques.

A cette occasion, Monsieur l'abbé Laurichesse, qui fut un de ces prêtres vaillants et pieux comme il en faudrait surtout de nos jours, et dont la plume, à jamais brisée, hélas ! valait une épée, nous honorait beaucoup en nous adressant les quelques lignes qui suivent :

« Votre brochure est une œuvre belle et surtout bonne. C'est une couronne mise au front d'un jeune héros et que l'ombre refusait à la lumière. Grâce à vous, le voilà visible à tous les yeux et debout à la porte de tous les cœurs ; car si la beauté morale, ou la sainteté, passe par l'esprit, elle a sa première place dans le sanctuaire de l'âme.

« D'autres avaient laissé passer l'heure. Vous avez fait ce qu'il fallait faire et ce que moi, votre aîné, je n'avais pas osé entreprendre. Le jeune martyr se souviendra. L'Eglise, elle aussi, sourit à ces labeurs et ne dédaigne pas plus la goutte d'encre que la goutte de sueur ou de sang. Hâtez-vous de recommencer, si un bon *filon* se laisse découvrir sous votre nouveau ciel...

« On fait bien les choses à la Librairie Moderne... L'œil est tout flatté en retournant ces pages chatoyantes ; et l'on aime un peu plus votre saint en cette gracieuse vêture... »

C'est là un hommage bien mérité rendu à notre ami, le distingué directeur de la *Croix cantalienne*, et nous nous y associons de tout cœur.

UNE SOUSCRIPTION PATRIOTIQUE

En terminant la notice biographique sur l'abbé Filiol, nous exprimions timidement un désir : celui de voir un jour, au sommet du Puy de Bouval, s'élever un monument quelconque, surmonté d'une belle statue de pierre ou de marbre, au pied de laquelle le village de Bouval et le canton de Pleaux reconnaissants écriraient en lettres d'or :

ABBÉ FRANÇOIS FILIOL,
DÉCAPITÉ A MAURIAC,
EN HAINE DE LA FOI
LE 14 MAI 1793.

Que chaque prêtre du diocèse, disions-nous, que chaque laïque bien pensant se décident à apporter au plus tôt leur petite pierre ; et alors ce monument, l'abbé Filiol l'aura, comme il a déjà au ciel, celui que les saints et les martyrs de tous les siècles lui ont élevé !

Mais pour ériger un monument, si modeste fût-il, à une altitude de près de 800 mètres, au sommet d'un mamelon où l'on ne pouvait parvenir alors que par quelques sentiers de chèvre, il fallait de l'argent, et cet argent, où le trouver ?...

Nos ressources personnelles étaient assurément bien insuffisantes ; et notre dévouement aux Ecoles chrétiennes libres — dont l'existence est cependant tout à fait légale jusqu'à ce jour

— nous avait valu la suppression du modeste traitement de la commune. Nous étions ainsi réduit à la portion congrue...

Force donc nous était de tendre la main, si nous voulions arriver au but. Et c'est alors que l'idée nous vint de recourir à une souscription publique.

Il ne nous en coûte pas d'avouer que nous ne fûmes d'abord que médiocrement encouragé. Ne fallait-il pas s'y attendre, puisqu'il s'agissait d'une œuvre bonne et généreuse? Aux yeux de beaucoup, et ils avaient raison sans doute, nous n'avions pas qualité pour cela. Laissez ce soin à d'autres, nous disaient les uns ; pourquoi vouloir essayer ce que vos devanciers n'ont pas cru devoir faire?... Vous poursuivez une *chimère*, nous disaient tout bas quelques autres, ceux évidemment qui n'ont jamais rien osé ni rien compris à l'hémistiche de Virgile : *Audentes fortuna juvat.* Et c'était là le langage des *amis*, de ceux du moins que nous prenions comme tels.

« O mes amis, il n'y a pas d'amis ! » disait mélancoliquement le philosophe antique. Le moraliste moderne lui fait écho quand il écrit que les amitiés humaines ne sont toutes qu'un commerce où « l'amour-propre se propose toujours quelque chose à gagner. » Et le poète qui a le mieux senti les délicatesses de l'amitié ne nous dit-il pas lui-même :

Chacun se dit ami, mais fou qui s'y repose !
Rien n'est plus commun que le nom ;
Rien n'est plus rare que la chose.

Le Père Lacordaire, après avoir proclamé l'amitié « le plus parfait sentiment de l'homme », se demande avec tristesse si l'amitié est autre chose qu'un nom sublime et consolant, une fleur de jeunesse, un de ces nuages d'or qui apparaissent au lever du matin, et qui ne voient jamais le soir....

Les indifférents, les oisifs, les jaloux, — et ils sont légion! — nous trouvaient téméraire, un peu trop *jeune*, malgré nos quarante ans bien sonnés, et leur amitié pour nous, leur dévouement à notre œuvre, s'arrêtaient là où l'on touchait aux cordons de la bourse...

Tout cela, on en conviendra, n'était pas de nature à nous encourager, à nous faire aller de l'avant. Et néanmoins. cette idée d'un monument hantait notre esprit, nuit et jour. Nous avions sans cesse présentes à la mémoire ces lignes que nous avait adressées le vaillant M. Laurichesse: « Oui, il faut un monument et sans tarder. Mon Dieu! la statue est toute faite, c'est votre livre lui-même: il n'y a plus qu'à tailler dans la pierre ou dans le marbre. Mais ne vous endormez pas et ne comptez que sur *vous-même*.

« Vous avez chauffé le fer, c'est à vous de le battre. Et nous tous, les frères du martyr, nous fournirons l'enclume, car il faut une enclume d'argent... »

Sur ces entrefaites, nous avions fait part de notre projet, en même temps que de nos légitimes appréhensions, à un petit neveu du martyr, M. l'abbé E. Filiol, secrétaire général à l'évêché d'Orléans. Sa réponse ne fut pas telle que nous l'avions rêvée. Encore une illusion qn'il nous fallait abandonner aux ronces du chemin!...

« Je vous remercie des renseignements que vous me donnez sur notre vénéré grand-oncle. Quant au monument, l'idée est bonne, mais elle me paraît *audacieuse*; car si la famille est assez nombreuse, je crains que, comme moi, elle ne puisse pas disposer de grosses sommes. Vous pouvez compter ceqendant sur *vingt-cinq* francs, en mon nom et au nom de ma sœur, lorsque l'état de la souscription vous aura révélé la *possibilité* de ce projet... »

Une autre plume, bien connue celle-là, et surtout bien chère au clergé cantalien, nous écrivait sous une forme originale, mais que nous savions sincère et désintéressée : «... Et maintenant, comment allez-vous *tailler* votre héros ? Une statue ! vraiment, nous sommes malades de statuomanie jusqu'à la folie. Et je ne crois pas bon de caresser un tel projet. Le sujet ne vaut rien pour cela, parce qu'il est trop *au-dessus de cela*. Un monolithe avec emblêmes et une date sur un soubassement, ne serait-ce pas assez?...»

Monsieur l'abbé Chabau, dont les conseils faisaient autorité en pareille matière, voulait bien nous dire, à la date du 13 janvier 1896 : « Mon idée serait de faire un socle assez fort, surmonté d'une stèle, plus ou moins élancée, et supportant un *buste* en bronze ou en marbre... »

Modeste ouvrier que nous sommes, nous n'avions pas qualité pour discuter en pareille matière et avec de tels contradicteurs. Et cependant, nous ne voulions pas d'un simple buste, encore moins d'un monolithe. C'était une statue qu'il nous fallait, telle que nous l'avions rêvée, c'est-à-dire aussi belle que possible, et reproduisant les traits mêmes du jeune martyr. A nos yeux, c'était le seul et unique moyen de sauver d'un éternel oubli une de nos plus pures gloires sacerdotales..

Et qui donc aujourd'hui oserait nous blâmer d'avoir voulu, à nos risques et périls, élever une statue au glorieux enfant de Bouval, quand nos contemporains en élèvent — le plus souvent aux frais de l'Etat, à nos frais par conséquent — à tant de ratés, à tant de gens qui ne furent que des intrigants et des malfaiteurs de l'humanité ?... Dans ces derniers temps, on a tellement galvaudé le marbre et le bronze, au profit de gloires frelatées, de réputations usurpées et même au profit de héros de contrebande, qu'on aurait mauvaise grâce à trouver extraordinaire l'idée que nous avons eue de faire revivre, aux yeux et à la mémoire des générations futures, ce jeune prêtre, ce vaillant, ce grand et noble réfractaire qui, faisant courageusement à Dieu le sacrifice de sa vie, donnait aux hommes, à ceux-là mêmes qui allaient le frapper,

Son cœur plein de pardon et d'amour fraternel.

Mais le temps pressait ; et le temps perdu, au dire du poète, est souvent irréparable : *Fugit irreparabile tempus.*

En présence d'une telle divergence d'idées et d'opinions, il devenait nécessaire de consulter l'autorité diocésaine qui, seule, était compétente pour traiter et trancher la question. Nous écrivîmes donc, mais non sans quelque appréhension. Nous n'eûmes pas la témérité de faire connaître alors au bien-aimé et vénéré Prélat notre humble manière de voir. Mais nous gardâmes aussi un silence prudent sur tout ce qui nous avait été dit ou écrit.

Pendant quelques jours, le facteur fut impatiemment attendu. Et voici la réponse que voulait bien nous faire Sa Grandeur, Monseigneur Lamouroux, réponse que nous croyons pouvoir reproduire ici, sans indiscrétion, puisqu'elle a été déjà publiée par le *Courrier d'Auvergne* et le *Moniteur du Cantal* :

« Tout ce qui touche à l'honneur et aux intérêts de mon bien-aimé diocèse et en particulier de ma chère famille sacerdotale tient mon attention en éveil et me va droit au cœur.

« Parmi tant de statues qu'on a, de nos jours, la manie d'élever un peu partout, il en est beaucoup qui ne sont pas *aussi justifiées* que le sera celle que vous voudriez dresser sur le Puy de Bouval. Elle rappellera sans doute une douloureuse date. Mais, par contre, elle fera revivre pour le clergé un glorieux souvenir et pour tous un bien bel exemple. »

Inutile d'ajouter que cette réponse autorisée nous combla de joie, tandis qu'elle emplissait notre cœur d'espérance. Nous avions l'assentiment, disons mieux, les encouragements de notre Evêque : que pouvions-nous craindre ? Désormais il ne nous restait plus qu'à marcher de l'avant, en modeste soldat, heureux et fier de son chef.

De son côté, et presque en même temps, un illustre compatriote et patriote, Monseigneur Pagis, évêque de Verdun, nous honorait beaucoup en nous adressant les lignes qui suivent :

« Je vous autorise à dire publiquement, non seulement que je m'intéresse à l'œuvre, mais que mon vif désir est qu'elle se réalise au plus tôt.

« Honorer la mémoire d'un compatriote qui a eu l'héroïque courage de souffrir et de mourir pour la foi ; placer son image sur le point culminant de notre région, afin qu'elle rappelle à tous un glorieux souvenir et soit pour tous une prédication muette mais éloquente, voilà une *grande idée* qui doit appeler toutes les sympathies, parce qu'elle se rapporte au relèvement des âmes et à l'avenir chrétien de notre pays.

« Vous en avez eu l'initiative : votre intéressant ouvrage aura préparé le monument et le monument le complètera. »

Et ailleurs, comme s'il eût voulu nous défendre contre des critiques aussi lâches que mesquines, de la part de ceux qui, loin de nous seconder, cherchaient au contraire à enrayer le mouvement déjà donné, le vaillant apôtre de Jeanne d'Arc, toujours prêt à soutenir les bonnes causes, nous adressait encore ces quelques lignes vraiment dignes d'un évêque :

« Dans les œuvres entreprises pour la gloire de Dieu, mon cher ami, il faut toujours s'attendre à des ennuis et à des déceptions : elles ne seraient plus méritoires, si elles allaient d'elles-mêmes et sans difficultés.

« Je condamne et blâme vos contradicteurs quels qu'ils soient, de Pleaux et d'ailleurs. Faire descendre une grande cause au niveau d'une personnalité ; lui refuser son concours à raison de la personne qui prend l'initiative, c'est étroit, c'est mesquin et absolument condamnable. Je l'ai dit maintes fois et je l'ai dit publiquement... »

D'aussi hautes approbations étaient pour l'œuvre à entreprendre une sûre garantie de succès. Le moment de battre le fer était venu. Il restait à trouver un marteau et une enclume. Pour cela, il fallait organiser une souscription publique et s'adresser aux journaux de la région. Les journaux catholiques du diocèse, déjà mentionnés au début de ce travail, nous ouvrirent gratuitement leurs colonnes. Messieurs les directeurs des feuilles de Murat et de Mauriac nous refusèrent l'insertion.

Dont acte.

SOUSCRIPTION

Pour l'érection d'un monument à l'abbé François Filiol.

Dans l'impossibilité où nous sommes de donner ici la liste intégrale de tous les souscripteurs de l'œuvre, dont le nombre s'est élevé à plus de trois cents, nous ne mentionnerons que les noms de ceux qui ont versé une cotisation d'au moins dix francs.

Nous transcrivons par ordre d'inscription et non par ordre alphabétique ou par rang de mérite.

Monseigneur Lamouroux, évêque de Saint-Flour 350
Monseigneur Pagis, évêque de Verdun ... 100
Madame Justin Cinqualbre (*), Paris 25
Madame Marie Cinqualbre (*), Rouen 40
Madame veuve Gineste, de Chameyrac ... 10
Monsieur l'abbé Chabreuil, de Bouval 50
Monsieur l'abbé Romain Bastide, de Pleaux, vicaire à la Madeleine, Paris 800
Mlle Anaïs Filiol, (*) de Quarantepeyre, Rouffiac 50
Mlle Latronche (*), de Quarantepeyre Rouffiac 20
Monsieur l'abbé Labory, curé de Barriac, près Pleaux 200
Monsieur l'abbé Daucet, de Bouval 100

(*) Ce sont toutes des parentes du jeune martyr.

Monsieur l'abbé Filiol (*), secrétaire général à l'archevêché d'Orléans........... 25
Monsieur H. Delbos, maire de Saint-Cirgues-de-Jordanne, notaire et conseiller d'arrondissement 20
Souscriptions recueillies par Mme Vigier, dans les villages de Nozières et de Salvagnac, près Pleaux.................. 30
Monsieur de La Farge et ses enfants, château de Burc, près Pleaux............ 40
Madame veuve Cinqualbre (*), de Suresne, près Paris........................ 25
Monsieur Eugène Réveilhac, adjoint au maire de Mandailles................. 10
Madame veuve Baduel, de Lassagne, près Saint-Cirgues.................... 10
Madame veuve Désirée Réveilhac, de Saint-Cirgues-de-Jordanne................ 10
Mlle Honorine Magne (*), de Châteauvillain (Haute-Marne)...................... 20
Madame veuve Ichard, de Pleaux........ 10
Madame veuve Laparra (*), de Beth, près Pleaux 10
Monsieur l'abbé Fayet, de Loudiès, près Bouval.............................. 100
Madame M. Armand, de Bergerac, originaire de Granoux.................. 10
Monsieur l'abbé Reyt, curé de Cayrols.... 10
Monsieur l'abbé Manilève, de Pleaux..... 10
Monsieur Joseph de Parieu, à Aurillac.... 20
Madame de La Tour d'Auvergne, Aurillac 25

(*) Un petit neveu et des petites nièces de l'abbé Filiol.

Madame veuve Lalande, née Marfoix, à Saint-Illide........................ 50
Monsieur l'abbé Mager, curé de Saint-Illide.............................. 10
Monsieur l'abbé Puéchavy, vicaire à Saint-Illide.............................. 10
Madame Sophie Raymond, née Lalande, à Saint-Illide.......................... 10
Monsieur Valentin Lalande, à Saint-Illide. 20
Monsieur l'abbé Lascombes, à Brolinges, près Saint-Cernin.................. 10
Monsieur François Réveilhac, de Saint-Cirgues-de-Jordanne.................. 10
Monsieur Armand, (*) de Loudiès, près Bouval............................ 100
Plusieurs souscripteurs de Saint-Cirgues-de-Jordane............................ 41
Mademoiselle Pauline Cinqualbre, de Rollières (Corrèze).......................... 10
Monsieur l'abbé Chapsal, curé-doyen de Maurs............................ 20
Plusieurs souscripteurs de la ville de Pleaux.............................. 100
Monsieur l'abbé Costes, curé de Saint-Julien-de-Jordane.................. 20
Plusieurs souscripteurs, de Barriac, près Pleaux.............................. 37
Monsieur Lacroix, de Courbiac, près Barriac.............................. 20
Monsieur Chaumeil, de Loudiès, près Barriac.............................. 10

(*) Des parents du saint abbé.

Madame Chaumeil, née Rongier, de Loudiès	10
Madame veuve Papon, de Chaussenac	10
Monsieur l'abbé Borderie, aumônier de la Sainte-Famille, Aurillac	10
Madame Clary, née Boyer, de Pleaux	10
Monsieur Louis Jalenques, de Maurs, avocat à Clermont	10
Madame Marthe Frédègue, née Bouyeur, de Marcillac, (Corrèze)	10
Monsieur l'abbé Peyrié, de Pleaux	10
Madame Apchin, à Aurillac	10
Monsieur l'abbé Bouissou, de Saint-Illide	10
Monseigneur Raymond, curé-archiprêtre de Mauriac	10
Le petit séminaire de Pleaux	80
Monsieur l'abbé Baillit, vicaire à Drugeac	10
Monsieur Henri d'Auzers, à Sion, près Mauriac	10
Madame Félix de Murat, à Menet	10
Monsieur l'abbé Manilève, de Pleaux, vicaire à Raulhac	10
Madame Gabrielle Drappeau, née Teillard-Nozerolles, à Mauriac	20
Madame Sidonie Lamouroux, née Drappeau, à Mauriac	10
Monsieur l'abbé Arbonnel, aumônier du collège de Mauriac	10
Monsieur le docteur Chapsal, de Saint-Cirgues-de-Jordanne	10
Plusieurs souscripteurs de Mauriac et du Vigean	29

Madame Louis Baduel, d'Oustrac, à Mauriac.... 10
Monsieur l'abbé Delmont, d'Aurillac, docteur ès lettres, professeur à la Faculté catholique de Lyon.... 50
Madame veuve Clavel, née Filiol (*), de Brageac.... 20
Monsieur Pierre Filiol (**), d'Escladines, près Chaussenac.... 10
Monsieur Arthur du Fayet de La Tour, avocat à Cournon (Puy-de-Dôme).... 10
Monsieur l'abbé Andrieu, de Saint-Illide, aumônier à Murat.... 10
Mademoiselle Chevalier du Fau, à Mauriac.. 10
Monsieur l'abbé Edouard Pagis, de Pleaux, curé de Colombes, près Paris.... 50
(1) Monsieur l'abbé Fleuret, curé de Saint-Philippe-du-Roule, Paris.... 500
Monsieur l'abbé Laurichesse, curé de Vebret.... 10
Madame veuve Vialard, Paris.... 10
Monsieur l'abbé Lizet, vicaire général de Verdun.... 10

(*) Une petite nièce du martyr — (**) un parent.

(1) Au mois de février 1896, M. le curé de Saint-Philippe nous faisait l'honneur de nous adresser la lettre suivante : « Je n'appartiens pas, par mon origine, à l'arrondissement de Mauriac, mais j'appartiens, par mon cœur, à tous mes compatriotes, surtout à ceux qui ont eu le privilège de souffrir pour la bonne cause. C'est à ce titre que je vous prie d'accepter ma souscription de *cinq cents* francs pour le monument que vous avez l'excellente idée de vouloir elever, afin de perpétuer le souvenir, plus opportun que jamais, du prêtre confesseur de la Foi, Monsieur l'abbé Filiol... »

Monsieur l'abbé Serres, supérieur des Petites Sœurs garde-malades, à la Thébaïde........ 20
Monseigneur Réveilhac, protonotaire apostolique, curé de Notre-Dame aux Neiges, d'Aurillac........ 10
Monsieur l'abbé Denis, chanoine de la Martinique, à Pleaux........ 20
Monsieur l'abbé Raymond, de Saint-Illide, vicaire à Salers........ 10
Le Petit Séminaire de Saint-Flour........ 14
Monsieur l'abbé Rivière, curé d'Ayrens... 10
Monsieur l'abbé Chaumeil, curé-archiprêtre de Saint-Géraud d'Aurillac........ 10
Monsieur l'abbé Prax, chapelain d'Aurinques, à Aurillac........ 10
Madame veuve Bénech, née Daval, de Saint-Julien-de-Jordanne........ 20
Monsieur Veyrines, notaire à Laroquebrou 10
Madame de Gaches de Venzac, de Chaudesaigues........ 10
Monsieur Mathieu Lachaze (*) d'Ally..... 20
Monsieur le docteur Chirié, chevalier de la Légion d'honneur, à Paris........ 10
Plusieurs souscripteurs de Pleaux....... 15
Plusieurs prêtres du canton de St-Mamet. 15
Plusieurs prêtres du canton de Salers.... 53
Monsieur Delalo, de Mauriac, chevalier de l'ordre de Saint-Grégoire-le-Grand.... 20
Mlle Ternat (*), de Mauriac........ 10

(*) Des parents de l'abbé Filiol.

Monsieur l'abbé Guy, de Mauriac, précepteur à Paris 10
Monsieur l'abbé Delort, vicaire général de Saint-Flour 10
Plusieurs prêtres du canton de Champs.. 15
Monsieur l'abbé Lagane, curé de la Panonnie, près Rocamadour (Lot).......... 10
Madame veuve Baduel, de Lafage, Saint-Clément 10
Madame sœur Hélène Chailus, institutrice en retraite, de Saint-Cirgues-de-Jord.. 20
Monsieur l'abbé Soucher, curé de Saint-Amandin........................ 20
Monsieur l'abbé Bastid, curé de Laroquevieille........................ 10
Madame veuve Bos-Darnis, Paris........ 40
Monseigneur de Cormont, évêque de la Martinique 40

Le total de la souscription s'éleva exactement à la somme de 4.722 fr. 85. C'était bien insuffisant, sans doute, pour couvrir tous les frais, prévus ou imprévus, du monument expiatoire, lequel a coûté 11.000 francs, comme il nous serait facile de le prouver, à l'aide des pièces justificatives que nous possédons.

Mais nous n'aurons pas la mauvaise grâce de nous en plaindre. Les 6.277 francs restés à notre actif ou passif, nous donnent des droits incontestables et imprescriptibles sur le monument, droits que nous saurions revendiquer et faire valoir au besoin.

Jamais, que nous sachions, souscription publique n'atteignit un tel chiffre dans le diocèse ; et cependant l'œuvre à réaliser n'était que secondaire, nous le reconnaissons volontiers, à côté de tant d'autres œuvres beaucoup plus importantes assurément, et qui sont une charge continuelle et chaque jour croissante pour la charité catholique. Mais ne l'oublions pas, il s'agissait ici d'une œuvre de « réparation sociale » comme nous eûmes le courage de le dire bien haut le jour même de l'inauguration; il s'agissait de glorifier un jeune héros réfractaire à toute capitulation et dont la fière devise, comme celle de la catholique Bretagne, fut toujours : *Potius mori quam fœdari ;* il s'agissait enfin de protester, d'une manière pacifique mais solennelle, contre les injustices criantes de cette époque néfaste de notre histoire où

Les cœurs étaient de marbre et les âmes de boue.

Et voilà pourquoi tous les vrais patriotes, prêtres ou laïques, voulurent bien répondre généreusement à notre appel.

Au début de l'année 1896, et pour assurer le triomphe de l'œuvre entreprise en la faisant mieux connaître, nous fûmes autorisé à prêcher une sorte de croisade dans diverses églises du diocèse, notamment à Barriac et à Mauriac. Il va sans dire que nous ne descendions de chaire que pour tendre la main.

Dur métier que celui de mendiant, même quand il s'agit d'une noble et sainte cause ! Pour y réussir, il faut savoir se dépouiller d'avance de tout sentiment d'amour propre et de respect humain. Il faut avoir dans l'âme un peu d'enthousiasme et au cœur beaucoup d'amour. Il faut enfin un peu de cette ténacité auvergnate qui caractérise notre race et assure presque toujours le succès.

A Barriac, en compagnie du sympathique pasteur de la paroisse, nous heurtâmes à toutes les portes. Nous n'oublierons jamais ces bons ouvriers, ces ouvrières, ces domestiques venant à nous spontanément, heureux et fiers de verser dans notre sébile le modeste salaire d'une pénible journée de travail. Ce sont là des exemples qui réconfortent en vous mettant un peu de joie dans l'âme ; et de tels exemples méritent d'être signalés. Honneur à tous ces déshérités de la fortune, si riches en générosité, et merci !

L'ange tutélaire de Barriac, qui n'est autre peut-être que le saint abbé Filiol, veillait visiblement sur nous et guidait tous nos pas. La journée fut dure mais fructueuse, au-delà même de nos espérances. Après tout, on ne foule pas en vain la terre même d'un martyr. Barriac compte à peine 460 habitants et notre collecte s'éleva à 700 francs. Messieurs Daucet et Chabreuil, prêtres originaires de Bouval (1), M. Fayet

(1) Ils étaient nombreux les prêtres originaires de Bouval et contemporains de l'abbé Filiol. En voici quelques-uns : Pierre Gély, vicaire à Tourniac en 1788, et que M. l'abbé Serres fait naître à Ally, mais à tort ; Dupon, mort en 1771 ; Joseph Fageols enterré dans l'église Saint-Jean de Pleaux, en 1743, à l'âge de 78 ans ; Jean Gineste, mort et enterré à Pleaux, le 11 janvier 1770, etc...

et M. Armand de Loudiès, méritent une mention d'honneur, et surtout M. Labory, curé de Barriac, pour sa généreuse offrande et son gracieux dévouement.

D'aucuns s'étonneront peut-être de ne pas voir figurer parmi les principaux souscripteurs, les noms de certains notables du village de Bouval... C'est à nos yeux un devoir de reconnaissance et de justice de nous expliquer sur ce point. Et nous dirons, tout d'abord, que le village du martyr, à lui seul, fit presque autant que la paroisse tout entière. Il le devait à l'abbé Filiol, son glorieux enfant ; il se le devait à lui-même. C'est lui qui voulut bien se charger de transporter les matériaux, de la gare de Drignac ou de Loupiac au Puy de Bouval, travail difficile, pénible même et souvent périlleux. C'est lui qui, pendant plus d'un mois, consentit à nourrir un nombre considérable d'ouvriers occupés aux fondements — six mètres au carré sur un mètre 20 de profondeur — et à la maçonnerie dont la pierre de Volvic ne devait être que le revêtement. C'est lui enfin qui, avec l'autorisation du conseil municipal, nous céda gratuitement l'emplacement nécessaire pour l'érection du monument. soit environ deux ares. (1)

Une mention spéciale est due au bon monsieur Tarrieu, le dévoué secrétaire et trésorier de

(1) Voir le registre des délibérations du conseil municipal de Barriac, réunion du 15 mars 1896, où se trouvent les signatures de MM. Molinier, maire, Boudou, Lacroix, Deynac, Rey et Parra. Mesieurs Fraignac, Chaumeil, Armand et Fayet absents avec excuses

l'œuvre, ainsi qu'à messieurs Daucet, Faucher, Molinier, etc. Et c'est de tout cœur que nous nous associons aux éloges et remerciements que l'on lira plus loin et que voulut bien leur adresser Monseigneur Pagis lui-même, le jour de l'inauguration.

A Mauriac, cette seconde patrie de l'abbé Filiol, puisque c'est la terre qu'il arrosa de son sang, nous fûmes moins heureux qu'à Barriac. Et cela tint à plusieurs causes bien indépendantes de la volonté. Appelé par Monseigneur Raymond, nous prêchâmes le panégyrique du martyr le jour de l'Epiphanie que l'on célébrait cette année le 12 janvier. L'auditoire était nombreux et bien disposé ; mais le prédicateur fut au-dessous de sa tâche. Le vénéré curé-archiprêtre, qui s'était gracieusement offert à nous accompagner dans les principales familles de sa chère cité, était appelé le matin même de la fête auprès de sa digne mère mourante. Le lendemain, c'était un malade de la paroisse confiée à nos soins qui nous obligeait à rentrer immédiatement. Et puis, disons-le tout bas, c'est d'un œil quelque peu jaloux que la ville de Mauriac regardait le village de Bouval... Elle aussi croyait avoir quelques droits — bien légitimes selon nous — à voir le monument de l'abbé Filiol s'élever sur une de ses places publiques, à l'endroit même où était tombée la tête du jeune martyr. Des offres nous avaient été déjà faites à ce sujet et l'on se chargeait même d'obtenir l'autorisation de la municipalité. Mais ce sentiment de piété et de reconnaissance, qui fait grand honneur à la ville de Notre-Dame des Miracles, ne pouvait que médiocrement servir au succès de l'œuvre entreprise. Cela pouvait satisfaire le cœur, mais n'emplissait guère la bourse.

Toutes ces raisons et bien d'autres, que nous aurons la charité de passer sous silence, ajoutées surtout à l'insuffisance de notre parole et de notre personne, firent que la collecte atteignit à peine le chiffre relativement modeste de 200 fr.

Ne voulant pas donner à ce modeste travail de trop grandes proportions, nous n'avons pas cru pouvoir faire figurer ici tous les noms des souscripteurs. Nous le regrettons vivement. Pour y suppléer dans la mesure du possible, et afin que de beaux exemples de générosité ne soient pas tout à fait perdus pour les générations à venir, nous nous proposons, avec l'agrément de Monsieur le curé de Barriac et de son conseil de fabrique, de déposer aux archives de la paroisse la liste intégrale de tous les bienfaiteurs, grands ou petits, d'une œuvre tout à la fois religieuse et bien française...

En attendant, daigne le saint abbé Filiol parcourir cette liste, ce *livre d'or* du diocèse tout entier, et, du haut du ciel où il triomphe, en bénir tous les noms!...

ERECTION DE LA STATUE

Elle eut lieu le 28 juillet 1896, en présence de tous les habitants de Bouval et de nombreux curieux accurus de tous côtés. Ce fut sous l'habile direction de MM. Teilhet, entrepreneur à Saint-Christophe, et Brouillon, maître charpentier à Pleaux.

Nombreuses avaient été les difficultés pour le transport de la statue, de la gare de Loupiac au sommet du mamelon, tant à cause de l'insuffisance du matériel que de l'absence ou du mauvais état des chemins. Plus nombreuses et plus grandes encore furent les difficultés pour hisser une si lourde pièce sur son piédestal, à une hauteur de 8 mètres. Les treuils, les grues, les chèvres, les câbles, les boulons, les moufles, les chaînes de fer, outillage qu'il avait fallu se procurer, non sans peine et sans beaucoup de frais, tout menaçait de rompre et nous faisait à chaque instant redouter un malheur.

Mais sans doute que l'abbé Filiol, du haut du ciel, veillait sur nous et nous protégeait! Et cette pensée rendait aussitôt à chacun le courage et la confiance. Après tout, c'était pour glorifier un saint que l'on travaillait, et les saints reconnaissants se souviennent.

Nous étions là, tous, depuis de longues heures, impatients, haletants, et déjà le jour tombait à l'horizon. L'image du héros se balançait dans l'espace, maintenue par des bras vigoureux, et toujours des difficultés sans cesse renaissantes. Cela nous remettait en mémoire ce vers de Virgile : *Primo avulso, non deficit alter*, un obstacle enlevé, un autre se présente.

Nous étions là nous-même, non pas certes en simple spectateur, en vulgaire Don Quichotte, mais en modeste ouvrier comme tout le monde, donnant ici un coup d'épaule, là un coup de main; nous pouvons donc en parler à bon escient.

Enfin ! un dernier effort, et le voilà sur son piédestal de granit, ce bronze que nous avions tant de fois rêvé !...

Vivat ! Vive l'abbé Filiol, vive le glorieux enfant de Bouval ! tel fut le cri qui s'échappa spontanément de toutes les poitrines et que répétèrent à l'envi les échos d'alentour.

Cette manifestation pieuse autant que patriotique, ce tableau grandiose, profondément saisissant, fit jaillir — il nous en souvient encore — des larmes de reconnaissance enthousiaste. Les moins accessibles aux émotions de ce genre ne purent s'y soustraire. Moment délicieux, inoubliable, qui nous laissa au cœur et à la tête la nostalgie des grands horizons, mais sans nous laisser toutefois le goût de « revenez-y » !

La voilà, cette statue du noble réfractaire, du martyr généreux et *volontaire* que fut l'abbé Filiol ! Sa vue, pour nous servir des paroles mêmes de Monseigneur Lamouroux, rappellera sans doute une bien triste date de notre histoire nationale, mais elle sera aussi comme une prédication éloquente et continuelle pour les générations à venir.

La voilà, se dressant majestueusement, à quelques mètres du tilleul séculaire, de l'*arbre de Bouval*, dont la vue nous rappelle celui que dépeint si bien Lamartine dans ses *Harmonies poétiques et religieuses*. Il compte déjà sa vie par siècles et répand son ombrage presque sur un demi-arpent. Ce colosse superbe dont la feuille chaque matin boit la rosée a, sous son écorce rude, un cœur où circule toujours un sang ivre de vie. Alors que nous étions encore élève du cher petit séminaire de Pleaux — âge d'or que celui-là — nous allions souvent prendre nos ébats sous son feuillage qui s'étend au loin comme pour protéger désormais du vent et des frimas le monument expiatoire que des chrétiens patriotes ont voulu dresser sous son ombre. Nous étions loin de penser à ce qui devait arriver vingt ans plus tard. La jeunesse, d'ordinaire si insouciante, ne se préoccupe guère du lendemain ; sa petite patrie est partout où elle se trouve bien : *ubi bene, ibi patria*. Telle est trop souvent sa maxime favorite autant qu'égoïste.

Depuis un moment, nous étions là, tous, dans une sorte d'extase, ne pouvant nous lasser de contempler cette délicieuse figure qui nous semblait tombée du ciel au milieu des hommes. Mais voici que le soleil illuminant le mamelon, vint tout à coup caresser de ses derniers rayons la tête blonde du martyr et l'éclairer comme d'une gloire d'or. Elle nous apparut ainsi, transfigurée, presque isolée dans une lumière divine, sublime apothéose, et son regard à cette heure sembla devenir mobile et s'abaisser jusqu'à nous comme pour nous dire : Merci !

Ah ! ce crépuscule, mon Dieu, qu'il fut beau ! Ce soleil qui ruisselait sans fin sur l'espace et autour de nous, s'arrêtant, se reprenant, comme s'il n'eût pas voulu mourir, nous en avons encore après plusieurs années l'âme toute pleine ; et notre cœur de frère du martyr dans le sacerdoce se dilate et se pâme de la plus douce mélancolie quand nous lisons dans ces notes, prises sur les lieux mêmes, cette fin de journée indicible, résumée en trop peu de mots !...

Le Puy de Bouval, à n'en pas douter, est un des plus beaux sites de la Haute-Auvergne. Faisant face au Puy Saint-Mary, on y jouit d'un panorama magnifique et la vue s'étend au loin, presque sur toute la terre cantalienne. Aussi est-il bien connu des promeneurs et cher aux touristes.

Depuis l'inauguration de la statue de l'abbé Filiol, et pendant toute la belle saison, c'est un va-et-vient continuel, un vrai pèlerinage pour les âmes pieuses, qui savent garder fidèlement le culte des vieux souvenirs, des nobles et fiers caractères. Puissent-elles y trouver toujours, comme nous-même, pleine et entière satisfaction et pour l'esprit et pour le cœur !

On a beaucoup écrit sur le monument de Bouval, surtout en 1896, et cependant toute la vérité n'a pas été dite. Nous avons même à regretter bien des inexactitudes que nous allons essayer de relever par les quelques renseignements qui suivent et que nous avons puisés à bonne source.

Peut-être que les nombreux amis de l'œuvre de réparation sociale dont nous n'avons été que le modeste ouvrier nous sauront gré d'avoir cherché à combler ces lacunes...

LA STATUE

Sortie des ateliers de construction de Tusey, près Vaucouleurs (Meuse), la statue est l'ouvrage de MM. Dufilhol — quelle heureuse coïncidence de nom ! — et Chapal. Le coulage se fit, le 11 juin 1896, en présence de Sa Grandeur, Monseigneur Pagis, évêque de Verdun, par suite d'une très délicate attention de la part des directeurs de cette importante usine. C'est à cet illustre compatriote — notre devoir est de le dire ici. — que le Cantal doit de posséder une statue qui est un véritable objet d'art. C'est lui qui voulut bien faire toutes les démarches ; c'est lui qui nous prodigua ses encouragements et sut à l'occasion imposer silence à certains esprits jaloux et vindicatifs ; c'est lui enfin qui obtint d'un des meilleurs artistes de Paris — et cela à titre gracieux — une maquette irréprochable et d'une valeur de 500 francs. En notre nom et au nom des nombreux admirateurs qu'il compte en la terre d'Auvergne : Merci.

La statue seule de l'abbé Filiol, qu'admirent tous les vrais connaisseurs, mesure exactement 3^{m}70. La base sur laquelle elle repose étant de 0^{m}20 sur 0^{m}88, cela fait une hauteur totale de 3^{m}90. Elle est en fonte, recouverte d'une forte couche de bronze. Son poids net est de 1800 kilogrammes. Prise à l'usine, et grâce aux généreuses concessions qui nous furent faites, toujours par l'intermédiaire de Monseigneur Pagis, elle n'a coûté que la somme relativement modeste de 2,500 francs. Détail précieux à noter, mais qui devait décupler les difficultés du transport et surtout de l'érection : cette statue est d'une *seule pièce*, moins le bras droit, qui est rapporté et qui s'ajuste admirablement sous la saillie de la manche. Il est impossible, même à un œil exercé, de déterminer le point de jonction. Cela fait d'autant plus honneur aux habiles maîtres des forges de Tusey, que cela se voit très rarement dans un travail ayant de si grandes dimensions. La plupart, en effet, de nos statues modernes sont abandonnées à l'unique soin du fondeur, qui mutile à son gré et coupe en autant de morceaux qu'il lui plaît. Il en résulte des coutures apparentes fort laides, que le fondeur fait ensuite limer par un ouvrier quelconque, au risque d'enlever tout caractère au modelé. Ici, il n'en est rien, et c'est en vain que l'on chercherait quelque part le moindre raccord. C'est un détail, nous dira-t-on, mais qui méritait bien d'être signalé...

Et qu'on ne voie pas dans les traits de cette statue un produit quelconque de l'imagination du sculpteur. Ils sont bien ceux de l'abbé Filiol lui-même, tels que nous les a conservés un portrait en ivoire, malheureusement fragmenté par la famille, qui se l'est disputé comme une relique, mais suffisant pour permettre à un artiste de reconstituer la physionomie authentique de l'illustre martyr. Il suffit, pour s'en convaincre, de comparer la reproduction avec l'original que possède actuellement la veuve Ichard, de Brageac, une petite-nièce de François Filiol, et l'on verra que la ressemblance est frappante.

LE MONUMENT

Le piédestal se compose de 14 assises, dont plusieurs faites d'une seule pierre. Il mesure exactement $8^{m}10$, sur une base de $4^{m}24$; ce qui porte la hauteur totale du monument à 12 mètres.

Les fondements, dont nous avons donné plus haut les vastes proportions, l'infrastructure et la maçonnerie sont l'œuvre de M. Teilhet, entrepreneur à Saint-Christophe. Ce travail à lui seul, y compris la pose de la pierre de taille qui en forme le revêtement, n'a pas nécessité moins de 150 journées.

La pierre de taille, d'une grande solidité et d'un joli grain, couleur cendre clair, est sortie des carrières de lave de Volvic (Puy-de-Dôme). Elle a été fournie par Monsieur Chalus-Amblard et a coûté — prise à Volvic — la jolie petite somme de 3,200 francs.

Les 14 assises ne comprennent que 64 pierres, qui constituent un volume de 22,305 mètres cubes. Le mètre cube de pierre de Volvic, *taillée*, pesant en moyenne 2,000 kilos, cela représente le poids énorme de 44,610 kilogrammes ; soit 446 fr. 10 de frais de transport jusqu'à la gare de Drignac, à raison de dix francs la tonne.

L'ensemble de ce monument, conforme à toutes les règles de l'art, échappe aux critiques les plus sévères des Aristarques ou Zoïles de notre époque. On devine aisément que c'est là l'œuvre d'un grand artiste dont nous regrettons de ne pouvoir publier ici le nom.

Sur une des façades du piédestal, on aperçoit deux magnifiques palmes en bronze, symbolisant le martyre, et destinées à encadrer une grande plaque de marbre sur laquelle on peut lire, en caractères d'or, l'inscription suivante :

A LA MÉMOIRE DE FRANÇOIS FILIOL

PRÊTRE NÉ A BOUVAL

DÉCAPITÉ EN HAINE DE LA FOI

A MAURIAC

LE 14 mai 1793

A L'AGE DE 28 ANS (1)

Plus bas, et sur la première assise formant le socle, on voit encore une seconde plaque de marbre, à forme rectangulaire, avec ces quelques lignes gravées par la main d'un ami :

MONUMENT ÉLEVÉ A LA MÉMOIRE DE

L'ABBÉ FR. FILIOL, DE BOUVAL,

PAR LA GÉNÉREUSE INITIATIVE

DE L'ABBÉ M. LALANDE, DE SAINT-ILLIDE

19 AOUT 1896

(1) Certaines formalités exigées par la loi ayant été négligées, à l'époque de l'érection, défense nous fut faite, par l'autorité préfectorale, d'apposer la dite inscription sur le monument. Nous espérons que quatre ans de « mise aux arrêts » lui vaudront bientôt l'honneur d'occuper la place qu l'attend au soleil de Bouval !...

Mais il fallait à ce monument une grille en fer, pour le protéger des animaux que l'on mène paître à l'ombre du tilleul séculaire. Elle est sortie des ateliers de M. Bonnes, serrurier à Aurillac, et mesure exactement 32 mètres de long sur 1m10 de hautenr. Elle pèse 609 kilogrammes et a coûté 650 francs... (1)

(1) La Haute-Auvergne ne possède que trois autres monuments dignes de ce nom : celui de Notre-Dame des Oliviers, à Murat ; ceux du pape Gerbert et du baron Delzons, à Aurillac.

La statue de Notre-Dame de Murat, mesure à elle seule 8 mètres et le piédestal 6 mètres. Hauteur totale : 14 mètres. Elle est formée de dix pièces adroitement boulonnées.

Les monuments du pape Gerbert et du baron Delzons sont de moindres proportions et doivent être classés après celui de Bouval.

INAUGURATION DE LA STATUE DE BOUVAL

Le matin. — A midi. — Le soir.

LE MATIN

Le Puy de Bouval, sanctifié jadis par le séjour fréquent du saint abbé Filiol, alors que l'Esprit-Saint parlait déjà à son cœur d'enfant dont le front devait rayonner un jour de l'auréole du martyre, ne pouvait demeurer — à défaut d'une chapelle expiatoire que nous regrettons de n'avoir pu construire — sans un monument commémoratif qui rappelât à la postérité de si pieux et nobles souvenirs.

L'homme oublie si vite, dans ce malheureux siècle où nous sommes ! Chaque jour emporte en quelque sorte une page de son cœur. Sa mémoire, pour parler le langage de *Pierre d'Auvergne*, « laisse les plus belles choses s'écouler, comme un crible l'eau qu'on y verse. » (1) Les vertus qui fleurissaient naguère sous notre beau ciel de France, semblent nous quitter une à une pour faire place à l'insolence et à la haine. Les caractères se déforment, les volontés s'avachissent. Aujourd'hui, les bons se cachent, quand les méchants se montrent ; et il y a beaucoup

(1) Voir la *Croix Cantalienne* du jeudi, 1er mars 1900.

trop de chiens muets parmi nous. Et si parfois courage il y a, c'est souvent un excès de la peur, comme disait Racine, de son temps. On n'ose plus attacher à son nom une cocarde quelconque; selon les lieux ou les personnes, on est tantôt pour Jésus, tantôt pour Mahomet ou Termagant. Dans ce pays où jadis l'enfance était si respectée, où l'homme avait une épée au service de l'honneur, il n'y a plus qu'un ennemi que l'on pourchasse en tout lieu ; et cet ennemi, ce n'est ni l'Anglais, ni l'Allemand, ni un étranger quelconque ; ce sont des Français et les meilleurs, c'est le prêtre, c'est Dieu...

— Chaque jour, à chaque heure, il nous pleut des affronts ;
— Où donc s'arrêtera la honte ? Où nous voudrons. (1)

Oui, quand tous les catholiques de France, désormais unis, le voudront ; et c'est pourquoi :

Levons-nous ! Délivrons nos cœurs et nos pensées
Des hydres du logis fièrement terrassées.
Debout ! et que chacun sans pitié, sans relâche,
Promène dans son cœur la torche avec la hache ! (2)

La vie humaine est un cantique dont toute âme est une voix, a dit quelque part Lamartine. Eh bien ! il faut que cette voix parle, il faut qu'elle agisse ! Il faut que tout chrétien qui a Dieu dans son cœur se raidisse pour résister au courant d'impiété qui nous entraîne. Au seuil de son avenir, et le crucifix en main, il faut qu'il choisisse entre le joug du Christ et celui des

(1) Victor de Laprade.
(2) Idem.

Césars. Non, l'heure n'est plus à la sieste : c'est au contraire l'heure de l'action et de la lutte pour Dieu et la Religion. C'est le moment de crier bien fort avec les apôtres : *Non possumus*, nous ne pouvons pas ne pas agir, ou bien avec Léon XIII : *Frangar, non flectar*, je serai brisé, mais je ne fléchirai pas.

Et qu'on ne vienne plus nous dire qu'il vaut mieux se taire et attendre, les bras croisés et les yeux levés au ciel. Les causes persécutées sont des causes victorieuses et le salut viendra de nos ennemis eux-mêmes : *Salutem ex inimicis nostris!...*

« Les concessions faites à l'impiété n'ont jamais rien sauvé, » nous dit Monseigneur Baunard dans son beau livre sur saint Ambroise, « et ce n'est pas en cédant ou en se cachant que l'on servira utilement la cause de l'Eglise. »

A nos yeux, un peuple qui sommeille, alors qu'il est rongé par la vermine du mal, est un peuple qui meurt de consomption. Son atonie devient son linceul et le repos le mène à la tombe.

Que fait la braise du foyer que l'on a soin de couvrir pendant le jour ? elle tient la cendre chaude, et quand la nuit vient, cela se rallume dès qu'on le remue.

Ainsi fera le monument élevé au Puy de Bouval : il sera pour cette chère jeunesse qui doit nous survivre comme une sorte de prédication muette, mais éloquente et continuelle. Cette voix du jeune martyr pourra bien ne pas être entendue tout d'abord ; elle pourra bien être quasi étouffée par les passions et le bruit du monde ; elle sera peut-être, longtemps encore, la voix qui prêche dans le désert !... Mais Dieu ne permettra pas qu'elle prêche toujours en vain. Les accents de cette voix seront tôt ou tard répétés par les échos de la vallée. Et si jamais l'orage gronde plus fort à l'horizon ; si le sang du juste doit couler encore pour faire violence au ciel, l'abbé Filiol sera là, qui sait ? pour susciter peut-être de nouveaux martyrs. Et cette voix alors puissante du prêtre fidèle, du glorieux réfractaire criera au monde, en lui montrant la croix : *Stat crux, dum volvitur orbis*...

Mais il fallait à cette statue, érigée à un confesseur de la Foi, une consécration quelconque. Afin de la séparer des autres monuments profanes, il fallait les prières, les bénédictions de l'Eglise qui divinise en quelque sorte tout ce qu'Elle touche. Pour couronner dignement une œuvre dont l'unique but était de glorifier un martyr de la grande famille sacerdotale, il fallait enfin une inauguration solennelle et présidée par notre bien-aimé Pontife, le premier Pasteur du diocèse.

Ainsi le comprenaient tous les amis de l'œuvre. Et voici comment M. l'abbé Delmont, devant un auditoire d'élite (1), traduisait sa pensée sur ce point, dans un mouvement de haute élo-

(1) C'était à la distribution des prix du petit séminaire de Pleaux, le 28 juillet 1896. M. l'abbé Delmont venait de conquérir les palmes d'or du doctorat ès lettres, devant la Faculté de Clermont.

quence. Parlant à des jeunes gens qu'il voudrait voir s'enthousiasmer pour tout ce qui est noble et beau, il ajoutait :

« Votre enthousiasme, jeunes amis, il peut et doit aller à un héros comme le P. Berthieu, un ancien élève de Pleaux, originaire de Polminhac, qui vient d'être martyrisé à Madagascar, ou comme ce noble réfractaire, ce glorieux martyr de Pleaux et du clergé cantalien, qui s'appelle l'*abbé Filiol* et qui, à 28 ans, souriait à l'échafaud en disant à ses gardiens, pris de pitié pour sa jeunesse, qu'ils voulaient arracher à la mort : « Faites votre devoir ; je veux mourir ! » Oui, vous mourrez sur la terre, victime héroïque des saturnales sanglantes de la Révolution dans le Cantal ; mais ce sera pour revivre dans le ciel avec l'auréole immortelle du martyr ; que dis-je ? ce sera pour revivre même sur la terre, après un siècle d'oubli, dans une biographie qui nous rend le parfum de votre grande âme sacerdotale et dans une statue qui montrera de loin à tous ceux qui passeront comment savent mourir les prêtres selon le cœur de Dieu ! (Applaudissements).

« Elève-toi donc, statue glorieuse du prêtre martyr ; élève-toi sur le puy de Bouval, à côté du tilleul séculaire qui couronne ce mamelon et domine tout l'ouest de la terre cantalienne ; élève-toi bientôt, comme la réparation tardive, mais magnifique, d'un regrettable oubli ! Voici des évêques (1), voici des prêtres par centaines

(1) Mgr Lamouroux, Mgr Pagis, Mgr Belmont, Mgr Bray, etc.

qui s'apprêtent à acclamer leur modèle et leur héros ! Vous y serez, mes amis, vous y serez avec vos maîtres ; vous y serez, nombreux et enthousiastes, pour jeter aux échos de nos montagnes ce cri de votre admiration et de votre foi : *Vive l'abbé Filiol ! Vive le glorieux martyr, tombé dans la fleur de sa jeunesse pour l'Eglise et pour Dieu!* (Applaudissements). »

Cette inauguration tant désirée eut lieu, en effet, le 19 août 1896, un mercredi, dans l'octave de l'Assomption, et fut ce qu'elle devait être, c'est-à-dire l'occasion d'une fête que les nombreux témoins n'oublieront pas de sitôt. Nous pouvons, sans exagération aucune, ayant voulu plus que tout autre nous en rendre bien compte, porter à 4.000 le nombre des personnes présentes. Jamais sans doute les Plaudiens n'avaient vu fête si imposante. Ah ! si notre plume savait peindre tout ce que nos yeux ont vu et surtout tout ce que notre cœur a senti en ce jour ! Et ces choses, quoique déjà bien éloignées, nous semblent être d'hier. Nous avons encore, pour ainsi dire sous les yeux, et cette foule immense qui couvrait tout le mamelon et ces grappes humaines s'étageant pour mieux voir sur les voitures, les charrettes, et jusque sur les branches du tilleul séculaire.

Bien des événements, dont quelques-uns douloureux, se sont produits depuis cette inauguration. Mais si le temps passe, le souvenir demeure. Nos impressions d'alors, quoique lointaines, semblent toujours se raviver plus douces plus touchantes, dans notre cœur ému du bonheur calme et pur dont il conserve la vision. Oui, belle et admirable journée que celle du 19 août 1896, où le soleil lui-même voulut apporter comme un sourire du ciel à cette manifestation de foi et d'espérance. Et volontiers, avec le poète, nous dirions que de telles fêtes

Mon Dieu, donnent à l'âme ignorante et docile
Plus de foi dans un jour qu'il n'est besoin pour mille,
Plus de miel qu'il n'en tient dans la coupe du sort,
Plus d'espoir qu'il n'en faut pour embellir la mort. (1)

Présidée par Sa Grandeur Monseigneur Lamouroux qui, malgré la fatigue occasionnée par les retraites ecclésiastiques, avait bien voulu se rendre à nos désirs et donner ainsi à notre œuvre une sanction très significative, cette cérémonie fut également rehaussée par la présence et par la voix éloquente et autorisée de Monseigneur Pagis, évêque de Verdun. Nos lecteurs trouveront plus loin le magistral discours de cet illustre compatriote. Des circonstances imprévues, mais assurément pour nous très regrettables, empêchèrent le vaillant évêque de Clermont et plusieurs autres prélats de se rendre à cette touchante manifestation. (2)

L'évêque diocésain était assisté de Mgr Raymond, curé-archiprêtre de Mauriac, et du chanoine Tissier, vicaire général. Notre excellent ami et ancien collègue, M. l'abbé Borderie, ac-

(1) *Harmonies poétiques et religieuses.*
(2) Mgr Bray, vicaire apostolique du Kiang-Si ; Mgr Belmont, évêque de Clermont ; Mgr Soubrier, évêque d'Oran.

tuellement vicaire à Mauriac, avait bien voulu accepter, pour la circonstance, les fonctions aussi difficiles que délicates de maître des cérémonies. Inutile d'ajouter qu'il le fit de manière à donner pleine satisfaction à tout le monde.

M. l'abbé Romain Bastide, chanoine de Saint-Flour et vicaire à la Madeleine, M. Lizet, vicaire général du diocèse de Verdun, MM. les chanoines Mauriac et Rolland, M. l'abbé Delmont, MM. les doyens de Salers, de Champs, et plus de 80 prêtres du Cantal et de la Corrèze étaient également venus pour glorifier leur frère dans le sacerdoce.

Il est 9 heures, et la journée s'annonce comme la plus admirable dont l'été de 1896 eût encore égayé les Plaudiens. A une brume légère, qui nous avait d'abord donné quelque inquiétude, succède tout à coup un soleil radieux. La statue de l'abbé Filiol commence à se dessiner nettement sous le voile blanc qui la recouvre. Le mamelon, déjà littéralement couvert, présente alors un coup d'œil imposant. Tout Pleaux est là. Mauriac, Salers, Saignes, Saint-Illide, Aurillac, ont fourni beaucoup de monde. Les départements voisins et surtout la Corrèze sont largement représentés. Les personnes arrivées les premières — il en est qui ont vu là lever le jour — occupent les meilleures places près d'un autel d'un goût parfait, que des mains pieuses et habiles avaient dressé au pied de l'arbre. La foule s'y est entassée et l'on se pousse du coude pour mieux voir et surtout pour mieux entendre. Çà et là, des guirlandes, des bannières, des cartouches avec inscriptions rappelant les principaux traits de la vie du saint. L'ensemble de la décoration est fort beau. Tout l'honneur, hâtons-nous de le dire, en revient aux dames du couvent et de la ville de Pleaux, ainsi qu'aux chers Frères de l'Ecole Saint-Romain. Qu'ils veuillent bien recevoir ici l'assurance de notre profonde gratitude !

Un chœur de jeunes filles, dans la gêne de l'endimanchement, gagnent avec peine la place qui leur est réservée sous l'ombrage du tilleul. Tout à côté, derrière l'autel, se trouve la musique, nous voulons dire la fanfare du petit séminaire. Sous l'habile direction de son chef, un mélomane de marque (1), elle enverra bientôt à tous les échos d'alentour ses rythmes les plus joyeux auxquels la vaste pelouse servira comme de tremplin.

A leur tour, les chanteuses, en un chœur bien composé, nous serviront avec un brio charmant divers morceaux, dont quelques-uns d'une exécution vraiment difficile.

Et puis, cachés dans les rameaux et le feuillage, on entendra même pépier à ravir, au milieu du brouhaha de la foule, quantité d'oiseaux sans doute envoyés du ciel comme pour associer à notre gracieuse fête la nature tout entière.

(1) M. l'abbé Miquel, alors professeur de philosophie et actuellement aumônier du lycée d'Aurillac. Un grand merci aux jeunes gens de la fanfare, venus tout exprès pour cette cérémonie des quatre coins du diocèse.

A ce moment, les cloches de l'église de Barriac sonnent à toute volée, annonçant l'arrivée de NN. SS. les évêques si impatiemment attendus. Absorbé que nous sommes par mille choses diverses, nous essayons néanmoins d'amener la foule au-devant des Prélats. Impossible ; chacun veut conserver une place conquise péniblement.

Les deux Pontifes, se rappelant sans doute que l'exactitude est la politesse des grands, sont déjà au pied du mamelon, la mitre en tête et la crosse à la main. Ils sont précédés de la croix et suivis par M. Labory, curé de Barriac, par M. Henri de La Farge, maire de la commune, par le conseil municipal et le conseil de fabrique. Nous avons grand' peine à ouvrir un passage pour cette procession improvisée. La vue des évêques excite dans le public un enthousiasme qui se traduit par des applaudissements discrets. Le long du parcours, toute saillie de pierre disparaît sous des grappes compactes de curieux. L'effet produit est tout simplement grandiose...

Mais nos lecteurs nous sauront gré de céder ici la plume à quelque chroniqueur du jour. Nous le faisons volontiers, dans l'intérêt du récit, et surtout parce que nous avons conscience que la tâche est au-dessus de nos forces.

M. l'abbé Courchinoux, présent à la cérémonie malgré ses trop nombreuses occupations, voulut bien faire dans son journal la *Croix du Cantal* (1), un compte rendu magistral et où rien

(1) Voir les numéros du 23 et 30 août 1896.

n'est exagéré, en exceptant toutefois les éloges qui nous concernent. M. Courchinoux jouit à bon droit, même aux yeux de ses adversaires politiques, d'une réputation littéraire réelle et incontestée, employant toujours une forme irréprochablement classique. Sa verve entraînante, ses inépuisables ressources d'imagination, son érudition vaste mais sans pédanterie, la bonne humeur dont il réussit à animer tout ce qu'il écrit en ont fait comme le porte-drapeau de la cause catholique dans le diocèse. Fasse le ciel qu'il reste longtemps encore à cette place d'honneur que son talent très personnel et son rude labeur lui ont acquise !

Nous ferons aussi de larges emprunts au *Moniteur du Cantal* au *Moniteur universel* de Paris (1) et à la *Semaine catholique* (2), où M. l'abbé Bastide (3) montra ce que peut penser et écrire un esprit cultivé, surtout quand la plume va puiser dans le cœur plutôt que dans l'encrier...

(1) Voir les numéros du 22 août 1896.
(2) Voir les numéros du 26 août 1896, sous la rubrique : *Au Puy Bouval.*
(3) A cette époque, vicaire à Mauriac, et actuellement curé de la belle paroisse de Crandelles près Aurillac.

AU PUY DE BOUVAL

« Enfin l'y voilà ! — Ainsi commence le directeur de la *Croix du Cantal.*

« Oui, voilà l'abbé Filiol sur un haut piédestal, au sommet de la montagne natale, dans l'azur, dans la lumière, dans la gloire.

« Ce n'a pas été sans peine que s'est dressé le superbe monument. Il a fallu une somme d'énergie peu commune pour ramener sur la mémoire de ce martyr l'attention de la foule. Mieux connu, l'abbé Filiol en était mieux aimé sans doute. Mais encore l'entreprise était-elle audacieuse de le faire revivre dans le bronze, de le dresser, sur le vieux sol arverne, dans une résurrection triomphale, pour une splendide apothéose.

« C'est fait.

« Nous revenons de la fête enthousiaste. Les impressions qu'elle nous a laissées sont de celles que le temps n'effacera pas. Plus harmonieusement chantaient les oiseaux qui se posaient sur le tombeau d'Orphée, racontent les vieilles légendes helléniques. Plus vigoureusement, d'un cœur plus ferme, avec une plus irréductible ténacité résisteront à la contagion du mal ces chrétiens, venus en pèlerinage au monument du martyr.

« Ils étaient bien trois mille, quatre mille

peut être, massés, mercredi, sur la montagne glorieuse, j'allais dire — et pourquoi non? — sur la sainte montagne. Deux prélats, tous deux très chers à l'Auvergne parce que ses fils, l'évêque de Saint-Flour et l'évêque de Verdun, escortés d'une soixantaine de prêtres, venaient solennellement témoigner à la face du peuple, en faveur de ce pauvre vicaire de vingt-huit ans, qui se jeta à travers la guillotine pour aller à Dieu. C'était un beau spectacle et qui avait sa haute signification.

« Je ne suis pas bien sûr que la libre pensée ne ricane pas un peu. Entre l'abbé Filiol qui donna sa tête, et l'ignoble femme, cousine de Judas, qui crapuleusement le livra, elle sera pour l'ignoble femme. Aussi bien n'y a-t-il pas de milieu : si ce prêtre ne fut pas un héros, il faut tenir cette drôlesse pour une vertueuse citoyenne.

« Mais que la libre pensée ricane à son aise. Elle n'empêchera pas la foule d'aller d'instinct à ce supplicié. L'idée toujours descend de son pilori, de son gibet, de son échafaud, et devant l'Idée rajeunie dans le martyre, comme le phénix antique dans la myrrhe ardente de son bûcher, les âmes droites, les âmes hautes, les grandes âmes s'agenouillent toujours ».

De son côté, voici comment s'exprime M. l'abbé Bastide dans la *Semaine catholique* du diocèse :

« Non loin de Pleaux, et au milieu de la fertile

plaine, saille, arrondi et verdoyant, le puy de Bouval. Sur le flanc de la colline et perdu dans un fouillis de verdure, le village de ce nom étage ses rustiques maisons. Les touristes que les hauteurs attirent ne manquent pas de visiter ce village et gravir cette colline pour jouir du féérique panorama qui se déroule à leurs yeux. C'est sur ce sommet que Dieu s'est plu à manifester sa puissance dans la glorification de l'un de ses saints *mirabilis in altis Dominus !*

« L'audacieuse entreprise de Monsieur l'abbé Lalande était enfin réalisée ; l'abbé Filiol revivait dans le bronze dressé là-haut sous le ciel bleu, dans une lumière d'apothéose, dominant et l'humble chaume qui le vit naître, et le théâtre de son martyre, et les bois mystérieux qui furent les témoins de son laborieux apostolat, pendant les jours néfastes de la Terreur.

« Et les foules étaient accourues pour chanter le *Gloria victis*, que depuis si longtemps elles entonnaient tout bas dans les plus pauvres chaumières en racontant, pendant les longues veillées d'hiver, la légende du vaillant martyr de la Révolution. »

Le correspondant du *Moniteur du Cantal*, sous le voile de l'anonyme, écrit à son tour :

« Le voilà donc ressuscité et debout dans sa gloire de la terre — symbole de sa gloire du ciel — l'héroïque réfractaire qui montait sur l'échafaud, à 28 ans, plutôt que de prêter un serment constitutionnel, mais schismatique, et de trahir ainsi la foi de son baptême et de son ordination sacerdotale!

« C'est par un soleil splendide qu'a eu lieu, mercredi matin, de 9 heures à midi, la cérémonie chrétienne et patriotique, préparée depuis longtemps par le zèle ardent et généreux de M. l'abbé Lalande, curé de Saint-Cigues-de-Jordane, et attendue avec impatience par tout le canton de Pleaux.

« Des milliers de personnes sont à cette heure sur le puy de Bouval, qui domine tout l'ouest de la terre cantalienne et d'où l'on voit se dérouler au loin un magnifique panorama, fermé au nord et à l'est par les cimes grandioses du pic de Sancy, du puy Violent, du puy Mary, du Plomb du Cantal, au midi et à l'ouest par la ligne bleuâtre des monts du Limousin.

« Le tilleul séculaire, dont l'ombre superbe donne tant de charme à ce mamelon, ne sera pas jaloux de voir s'élever près de lui la statue du plus glorieux enfant de Bouval, statue magnifique, qui fait revivre dans le bronze les traits mêmes de l'abbé Filiol, d'après une miniature et un portrait précieux, conservés par les dames Clavel et Ichard, de Brageac, et qui, bientôt sans doute, seront gardés comme des reliques, avec le calice, la montre et les lettres du saint martyr, sous une vitrine spéciale, aménagée dans l'église de Barriac... »

Le matin même de l'inauguration, quatre discours furent prononcés au puy de Bouval, tous quatre bien différents, quoique tendant au même but : la glorification d'un prêtre martyr. Nous croyons être agréable à nos lecteurs en les donnant ici, dans l'ordre même où il furent prononcés.

Il appartenait au jeune et distingué maire de Barriac de prendre le premier la parole pour souhaiter la bienvenue à NN. SS. les évêques de Saint-Flour et de Verdun.

Monsieur Henri de La Farge de Burc, qui appartient à une des familles les plus avantageusement connues dans ce pays. le fit avec une émotion très communicative et un charme d'une belle simplicité. M. de La Farge est un de ces vaillants, dont le nombre est beaucoup trop restreint de nos jours, qui ne veulent ni cacher leur drapeau, ni taire leurs convictions intimes. Laissons-lui bien vite une parole qu'il sait manier d'habile façon et avec une loyauté bien française et toute chevaleresque.

DISCOURS DE M. DE LA FARGE

Messeigneurs,

Messieurs,

Au nom de la commune de Barriac, que je suis fier de représenter ici, je viens vous dire combien elle vous est reconnaissante de l'honneur que vous lui faites en venant grorifier la mémoire du meilleur et du plus cher de ses fils.

Aussi bien nul commentaire ne saurait être plus suggestif que votre présence ici ; ne précise-t-elle pas de la façon la plus formelle le caractère de cette imposante cérémonie, qui est celui d'une solennelle réparation ?

Quelle fut la vie, quelles furent les vertus de cette humble victime de la tourmente révolutionnaire : des voix plus autorisées et plus éloquentes que la mienne vont le dire tout à l'heure et provoquer les applaudissements de cette foule, débordante d'enthousiasme. Je tiens seulement à vous marquer combien je suis heureux de voir couronnée d'un si beau succès la noble entreprise de M. l'abbé Lalande. Grâce au dévouement et au concours de tous, mais surtout du bon et dévoué pasteur de cette paroisse, cette grande et magnifique statue s'est élevée pour préserver de l'injure du temps la sympathique et douce figure de l'abbé Filiol.

Je crois être, Monsieur Lalande, l'interprète de tous ici, en vous priant d'agréer l'hommage de notre reconnaissance attendrie. Désormais, votre nom sera inséparable de celui qu'on va graver sur ce socle ; tel celui du défenseur reste attaché à la cause qu'il a soutenue.

Mon dernier devoir, Messieurs, est de saluer respectueusement l'image de ce héros dont l'auréole de gloire et d'immortalité est d'autant plus radieuse qu'il fut plus obscur. Que devient, en effet, la gloire purement humaine devant celle de ce jeune prêtre qui voulut garder intacte la religion de sa pieuse mère et signa de son sang cette fidélité, dont le spectacle est pour nous la plus sublime et la plus consolante leçon?

Et maintenant, cher et vénéré martyr, que votre main droite nous indique le ciel où vous triomphez à côté de Jeanne d'Arc et de tous ceux qui ont vaillamment lutté pour le bien; priez pour que, malgré tout, la sève généreuse et féconde, je veux dire la foi catholique, qui a fait notre chère France si belle et si grande pendant 1400 ans, ne tarisse jamais dans son cœur de fille aînée de l'Eglise.

A de si beaux et si chrétiens accents, il fallait une réplique autorisée et éloquente. Monseigneur Lamouroux, dit avec beaucoup d'à-propos le directeur de la *Croix*, le fit « en termes de parfaite tendresse et de vigoureuse chaleur. Après les félicitations au vaillant magistrat, à ses collègues de l'assemblée communale, à l'initiateur de ce beau mouvement, à tous les organisateurs de cette fête splendide, l'auguste Prélat donna le sens chrétien d'une solennité aussi inaccoutumée dans son diocèse. Très patriotique, très touchante, partant très applaudie, l'improvisation épiscopale.

« M. l'abbé Lalande, à l'endroit duquel une vieille amitié et de sérieux services rendus à ce journal nous commandent d'être discret, a dit à son tour, au milieu des mêmes applaudissements, la pensée toute de zèle religieux et patriotique qui lui a fait entreprendre et courageusement poursuivre jusqu'au bout son œuvre de « réparation sociale ».

Voici son discours :

MONSEIGNEUR,

Dans une circonstance comme celle qui nous réunit aujourd'hui si nombreux, au pied de ce monument, circonstance d'autant plus solennelle qu'elle est beaucoup trop rare, je comprends sans peine qu'il est sage et prudent pour moi de laisser la parole à des voix plus éloquentes et plus autorisées.

Mais il est certains désirs du cœur que la volonté humaine est impuissante à réprimer.

A cette heure, Monseigneur, j'éprouve le besoin irrésistible de remercier Votre Grandeur, pour le grand honneur qu'Elle nous fait, pour la joie profonde qu'Elle nous procure à tous, en daignant venir présider Elle-même cette pieuse et touchante inauguration.

Assurément, ce n'est pas que je sois surpris, Monseigneur, de votre présence aujourd'hui au milieu de nous. Ne s'agit-il pas, en effet, de glorifier un de vos prêtres, martyr *volontaire* de son devoir ? Cela suffit pour vous faire oublier toutes les fatigues de quinze jours de retraite ; et personne ici n'ignore que Votre Grandeur aime passionnément sa grande famille sacerdotale.

Au nom de tous mes confrères, si heureux de vous posséder quelques instants, permettez-moi de vous dire, et cela du plus profond de mon âme : Merci, Monseigneur.

Merci encore à Sa Grandeur Monseigneur Pagis, qui a bien voulu s'intéresser vivement à cette œuvre de pieuse réparation, qui reçoit aujourd'hui un si heureux couronnement.

Oui, Monseigneur, je me fais un devoir de le dire ici publiquement : vous avez été vraiment l'*âme* de cette œuvre, et je n'en ai jamais été que le modeste et indigne ouvrier. A vous donc, Monseigneur, et à notre vénéré et bien-aimé Evêque, revient toute la gloire.

Merci à tous les souscripteurs, grands et petits. Leurs noms relevés avec soin, seront publiés prochainement. En attendant il me sera bien permis de mentionner ici M. l'abbé Fleuret, curé de Saint-Philippe du Roule, un de ces compatriotes qui savent honorer le pays qui les a vus naître, et M. l'abbé Romain Bastide, dont la générosité est désormais proverbiale, et que nous appellerons volontiers la providence de cette contrée.

Merci à la fanfare du petit séminaire, et à cette chère jeunesse des écoles chrétiennes libres de Pleaux; merci, aux bonnes religieuses du couvent de Saint-Joseph et aux chers frères de l'école Saint-Romain, dont le dévouement à l'œuvre, ces jours derniers, nous a dédommagé de quelques déceptions; merci aux habitants de Bouval, à M. de La Farge, le jeune et sympathique maire de cette commune, aux journaux catholiques du département et, en un mot, à tous ceux, connus ou inconnus, qui ont bien voulu nous prêter leur précieux concours dans cette œuvre difficile, que nous avions entreprise un peu témérairement peut-être...

Ah ! nombreuses ont été les difficultés, venues hélas ! d'un peu partout ; nombreux les obstacles que le démon ne manque jamais de semer sous nos pas dès que l'on veut travailler à l'œuvre de Dieu.

Mais, admirateur ardent et passionné du jeune héros,

> Qu'un élan naturel emportait vers les cimes,

nous avons voulu — coûte que coûte — le faire revivre, par ce temps où les caractères se dépriment, alors que les volontés s'étiolent, dans cette fin de siècle où

> Chaque jour dans les cœurs faiblit le christianisme.

Et voilà pourquoi, Monseigneur, à force de sacrifices de toutes sortes, et avec une ténacité quelque peu auvergnate, nous avons élevé. pour les générations qui viendront après nous, ce monument que Votre Grandeur daignera bénir tout à l'heure. Nous désirons qu'il soit et qu'il reste toujours comme une sorte de protestation contre les injustices criantes de cette époque néfaste de notre histoire, que l'on appelle la grande Révolution, contre ces temps de trouble et d'erreurs où, pour parler le langage du poète,

> Les cœurs étaient de marbre et les âmes de boue.

Oh ! bienheureux abbé Filiol, glorieux martyr, honneur à toi ! Ta fière devise fut toujours celle de la catholique Bretagne : *Potius mori quam fœdari !*

Noble fils des Croisés, tu ne reculas jamais devant les fils de Voltaire. Réfractaire à toute capitulation, tu marchas à l'échafaud, le front haut et la croix à la main.

Eh bien ! du fond de ton obscure prison, à Mauriac, dans cette cachette froide et humide, de Bouval, dans les bois de Brageac et d'Enchanet, où l'on te traquait comme une bête fauve, tu domines tout par la hauteur de ta grande âme, de ton courage et de ton immense vertu. Sur ton front tout maculé de sang, je vois briller la triple couronne de pasteur, de docteur et de confesseur de l'Eglise, ma mère.

Oui, honneur à toi ! Et puisque le vent de la persécution souffle aujourd'hui comme alors, nous aussi, nous nous montrerons les dignes enfants des Croisés... Comme eux, après les angoisses de l'épreuve, nous chanterons l'alleluia de la résurrection. Messieurs, nous sommes les enfants des martyrs : confiance ! et en avant toujours pour Dieu et pour la France ! car aujourd'hui encore,

> Sur notre terre ingrate et désolée,
> Les fleurs du ciel croîtront comme autrefois.

Avec une exquise délicatesse et une bonté vraiment toute paternelle, notre Evêque vénéré voulut bien nous remercier en des termes flatteurs que les circonstances expliquaient peut-être, mais que, assurément, nous ne méritions pas. Aussi bien nos lecteurs nous permettront-ils de ne point les reproduire ici. Nous comprîmes alors surtout que son âme épiscopale tressaillait de bonheur quand il s'agissait de glorifier un héros de sa grande famille sacerdotale, et nous trouvâmes là un dédommagement plus que suffisant pour nous faire oublier à l'instant tous les labeurs d'une œuvre si heureusement couronnée.

Le Capiscol de l'Ecole auvergnate, l'auteur de *Flour de brousso*, M. Arsène Vermenouze, prit à son tour la parole et charma nos oreilles par les sons harmonieux de sa lyre. Ce « Mistral auvergnat, » comme l'appelle Jean Ajalbert, était alors auprès de sa digne mère très souffrante; et ce ne fut pas sans quelque mérite qu'il céda enfin aux instances de l'amitié.

Inutile de présenter M. Vermenouze à nos lecteurs : c'est un poète local bien connu et surtout incontesté; car il *est* ce qui fait qu'on est, c'est-à-dire original. C'est un causeur du coin du feu, un *grillon* du foyer champêtre, comme disait Lamartine, du comte Xavier de Maistre.

D'une modestie qui s'ignore elle-même, d'un talent remarquable pour la peinture des mœurs, d'une finesse et d'une sensibilité très grandes, indulgent sur les choses humaines, très tolérant sur toutes les opinions honnêtes, tel est, ce nous semble, M. Vermenouze. Peut-être, ce nourrisson des Muses, qui est aussi un infatigable Nemrod, ne donne-t-il pas assez sa mesure!

Si nous osions, nous lui crierions volontiers
Holà ! l'ami, hâtons-nous, car

Le génie a son heure et la tienne a sonné (1)

Voici ce qu'en dit *O. Fusain* — un connaisseur celui-là — dans ses *Silhouettes Cantaliennes*.

« Arsène Vermenouze, voici : de la pâte d'Auvergnat malaxée avec du sang de Castille ; l'âme d'un chevalier errant, emprisonnée dans la peau d'un distillateur et qui la dessèche, l'exténue, pour s'en aller ; un sens droit persécuté par une imagination capricante, truculente et luxuriante ; Pégase enfourché d'instinct et partant pour les étoiles ; son cavalier heureux de chevaucher, grisé de bon soleil capiteux, criant : Plus haut ! plus loin ! encore ! encore !...

« Avec ce grand diable de tempérament imaginatif, intuitif, une spontanéité incoercible, mêlée de brusquerie partant ; toute une gamme de franchises inédites ; de la loyauté à angles vifs ; quelque pointe d'inconstance, que promptement émousse la ferme raison héritée des ancêtres, maîtresse en la demeure, somme toute, et à qui appartient toujours le dernier mot... » (2)

Mais, vite, laissons chanter le poète, pour la joie de ceux qui n'eurent pas le plaisir de l'entendre à Bouval.

(1) Voir la *Croix cantalienne* du jeudi 21 janvier 1897.
(2) Stéphen Liégeard.

De nos jours où l'on voit tant de pusillanimes
Rougir du Christ, trahir leur foi, trahir leur Dieu,
Il est bon d'ériger bien haut, sous le ciel bleu,
L'image des héros et des saints magnanimes.

En ce siècle où jouir semble l'essentiel,
Où la fièvre de l'or agite les plus calmes,
Il est bon de montrer, dans la gloire des palmes,
Les martyrs qui n'ont eu d'autre amour que le ciel.

Il est bon d'opposer à nos lâches défaites,
A notre affaissement devant d'iniques lois,
L'attitude de ceux que l'on vit autrefois,
Plutôt que de trahir leur Dieu, livrer leurs têtes.

C'est quand l'homme est tourné vers les fanges d'en bas.
Qu'on doit lui rappeler les Hauteurs éternelles,
Et c'est en exaltant les combattants fidèles
Qu'on ramène les déserteurs aux bons combats.

Eh quoi ! le vice abject, sur nos places publiques,
Ciselé dans le marbre ou dans le pur métal,
Est toujours assuré d'avoir un piédestal,
Et rien n'y parlerait des cœurs évangéliques !

Eh quoi ! des bateleurs et des politiciens,
Dont le cadavre à peine est refroidi sous terre,
Peuvent se draper dans les plis du bronze austère,
Et l'oubli frapperait seuls les héros chrétiens !

Eh quoi, ce serait !... — Non, cela ne peut être ;
Cela ne sera pas, et je le jure ! — Ainsi
A dû parler naguère un des meilleurs d'ici,
Dans son âme de bon Français et de bon prêtre.

Et le voilà brûlant d'une héroïque ardeur,
Qui jette à tous les vents de la terre natale
Sonore comme un chant de trompette martiale,
Le noble appel, l'appel généreux de son cœur.

Il se dépense, il parle, il prêche, il fait un livre,
Il court, il vole, il va partout ! — Son œuvre est là :
C'est à lui que le saint, le héros que voilà,
L'abbé Filiol, martyr du Christ, doit de revivre ;

De revivre parmi les vertes frondaisons,
Sous le bleu tendre et pur du ciel de la patrie,
Près de l'arbre géant, sur la terre fleurie
Qui virent s'écouler ses premières saisons.

Enivré par le vin du suprême calice,
Et d'un stoïque élan marchant droit aux bourreaux,
Il revit, le saint prêtre, il revit, le héros,
Dans le geste qu'il eut au moment du supplice.

Dans ce geste d'amour et de foi, surhumain,
Le visage éclairé d'un céleste sourire,
Il semble déjà voir la palme du martyre
Descendre glorieuse au-devant de sa main.

Salut, mort généreux, vers qui Jésus se penche ;
Je vénère ton sang qui rougit l'échafaud,
Et mon regard, allant plus loin, montant plus haut,
Voit voler, voit planer au ciel ton âme blanche.

Ah ! du haut de ce ciel que tu sus conquérir,
De toute lâcheté que ta main nous délivre.
O Filiol! rends-nous forts ; apprends-nous à bien vivre,
Afin que nous puissions, comme toi, bien mourir.

Monsieur Arsène Basset, poète lui aussi à ses heures, et un des bons collaborateurs du journal *Lo Cabreto*, dans la *Croix du Cantal* du 6 septembre 1896, saluait de la plume M. Vermenouze, par le gracieux sonnet que voici :

OL COPISCOL

SOUBENIR DEL 19 D'OS O BOUBAU

(Porla d'o Siron)

Mèstre, oourias plo monquat o nostro grondo fèsto,
Li sès bengut, merci ! Touichis n'en son countent,
Leis ebesque oou porlat, è bous siai pas de rèsto
Per bonta nostre *obat*, ouplidat trot de temp.

Lou bièl tel d'o Boubau s'en carro è nous otèsto
N'ober jiomai oousit to plo porla, pourtent
N'o 'ntendut, mès pot be se fourra dins lo tèsto
Que beiro plus oquo ; repapio, se z'ottend.

Ol liot de nous porla lo lengo dei felibre,
Z'obès dit en fronces, belèu que sias pas libre :
Li obio certeno poou que boulias efocia.

Deissas fa lei tjiolous, tenès pas o lo glorio...
Obès de nostre *obat* celebrat lo memorio,
Leis efonts d'o Borriat benèn bou'n remercia.

Mais le soleil était haut déjà, et il fallait se hâter pour ne pas trop prolonger cette touchante cérémonie. Monseigneur Lamouroux, visiblement ému, avait bien voulu écouter debout les trois discours que nous venons de mentionner. Sa Grandeur avait trouvé dans son cœur d'évêque, pour chacun des orateurs, des expressions très heureuses, très délicates et surtout très paternelles.

Les foules se sont recueillies tout à coup, dit M. l'abbé Bastide, et le plus religieux silence a succédé aux bravos qui ont souligné poésie, remerciements, souhaits de bienvenue, et à l'autel, gracieusement dressé sous le ciel bleu et les ramures du légendaire tilleul, le Saint-Sacrifice déroule sa liturgie, pendant qu'un chœur de jeunes filles célèbre, dans une cantate brillamment exécutée, les gloires du vénéré martyr.

C'est Monseigneur l'évêque qui voulut célébrer lui-même la sainte messe. Autour de l'arbre, autour de la statue, protégée par sa grille en fer forgé, la foule couvre de ses flots la verte pelouse. Elle s'agenouille, elle prie, sans autre livre, sous les yeux, que celui de la grande nature.

Un soleil splendide darde ses rayons sur tout le mamelon. C'est un spectacle admirable que ces milliers de fronts qui s'inclinent, sous la voûte du firmament, devant le Dieu de l'Eucharistie, au moment de l'élévation.

La messe dite, le voile qui recouvrait la statue tombe tout à coup et le bronze apparaît aux regards émus de la foule, imposant et superbe dans ses grandioses proportions, éloquent dans son geste qui nous montre et la croix, l'inspiratrice du martyre, et le ciel qui en est l'inestimable prix.

« De nombreuses guirlandes, dit la *Croix du Cantal*, jetées sur le piédestal de la statue, font éclater à ses pieds une note joyeuse, pendant que la fanfare du petit séminaire exécute un de ses plus beaux morceaux.

« Déjà, Monseigneur de Saint-Flour, suivi d'un grand nombre de prêtres, a répandu sur le nouveau monument que tout le monde admire les prières de l'Eglise ; il lui a porté sa bénédiction pontificale. Des acclamations éclatent alors sur tout le mamelon : Vive l'abbé Filiol, martyr du Christ ! Vive Léon XIII ! Vive la France ! Dans la foule, des voix enthousiastes ajoutent aussitôt : Vive l'abbé Lalande ! Et c'était justice... »

L'auteur de ce modeste travail, sans se demander si c'était justice, se permet d'ajouter que c'était assurément de trop. Oui, tous à l'honneur — tous ceux du moins qui avaient été à la peine — ou personne. L'oubli souvent grandit plus que la gloire !...

Mais l'heure est avancée ; le soleil, beaucoup trop pressé ce jour-là, a déjà fait la moitié de sa course et les cloches de Barriac tintent l'*angelus* de midi. Cependant, le programme de la fête n'est pas encore fini ; la foule le sait bien ; aussi attend-elle avec une légitime impatience. Ce jeune martyr qu'elle vient de saluer d'une instinctive ovation, il fallait qu'il fût célébré longuement et dignement par une voix autorisée, magistrale, qui nous donnât le sens de cette cérémonie en un commentaire éloquent. Notre illustre compatriote, Monseigneur Pagis, évêque de Verdun, était naturellement tout désigné pour être ce chantre magnanime.

C'est pour nous une joie profonde, dit ici M. l'abbé Courchinoux, de déclarer que Sa Grandeur s'est surpassée dans cette improvisation magnifique. Cinq quarts d'heure durant, d'une voix mâle et puissante qui roulait au loin comme un appel de clairon, en une langue forte et souple, neuve et riche, avec de superbes envolées tour à tour et d'heureux abandons, Elle a glorifié le pauvre et grand martyr, héros de la fête. Son panégyrique a été le développement superbe de la parole de saint Jean : *Et hæc est victoria quæ vincit mundum, fides nostra,* que Bossuet traduisait : La vraie victoire, celle qui met le monde sous nos pieds, c'est notre foi.

Monseigneur Pagis a su conquérir dans son diocèse de Verdun le respect de tous ses prêtres en même temps que leur affection. Il est également bien connu et surtout bien apprécié dans son diocèse d'origine. Energique mais surtout bon, il a vraiment la prestance oratoire, une belle et forte voix qu'il conduit savamment, le geste noble et un art peu commun de composition et d'assimilation. Son style, d'une correction syntaxique et toujours méthodique, dénote l'ancien professeur de philosophie que nous avons connu au petit séminaire de Pleaux. Il fallait le voir en sa belle carrure, se dressant en pied sur l'autel adossé au tilleul de Bouval, encadré de verdure et protégé par une sorte de dais, ses yeux dans vos yeux, comme pour y lire ce qu'il devait dire et ce qu'il devait taire !

Grâce aux instances de Monseigneur Lamouroux, de M. Romain Bastide, de M. l'abbé Delmont, nous n'aurons pas à déflorer, par une trop pâle analyse, le discours du sympathique Prélat. Il fut imprimé à Verdun quelque temps après, et l'auteur de ces lignes, qui garde au vaillant apôtre de Jeanne d'Arc une profonde reconnaissance, est heureux de pouvoir le donner ici en entier. Jamais le plaisir du lecteur ne se sera rencontré davantage avec le profit.

DISCOURS DE MONSEIGNEUR PAGIS

Hæc est victoria quæ vincit mundum : fides nostra.

Voici la victoire qui triomphe du monde ; notre foi.

MONSEIGNEUR, (1)
MES FRÈRES,

Le monde et la Foi chrétienne, voilà deux ennemis irréconciliables ; ils sont en lutte depuis bientôt dix-neuf siècles. Par cette lutte éternelle notre époque ressemble à toutes les autres ; le monde nous combat et nous le combattons ; nous avons nos défaites et nous avons nos triomphes ; notre ennemi est là, devant nous, toujours debout et toujours menaçant ; nous sommes là, devant lui, debout comme lui, dans une ferme attitude, parce que nous avons conscience de notre force et que nous la savons invincible : nos défaites apparentes de la veille sont toujours nos victoires du lendemain. — Voilà la grande loi, qui se déduit de toute l'histoire : on peut lui donner cette formule qui ressemble à une contradiction : *Dans l'Eglise de Dieu, les faibles sont les forts et les vaincus sont les victorieux.* C'est ainsi que Dieu l'a voulu, afin qu'il fût visible qu'il est toujours avec nous, suivant sa promesse, car il n'y a que Dieu qui

(1) L'évêque diocésain, Monseigneur Lamouroux.

puisse faire de la faiblesse une force, de la défaite une victoire.

Qui a été plus faible, plus abandonné, plus vaincu que le Christ Sauveur ? Est-ce que les Pharisiens ne le croyaient pas disparu à tout jamais ? Regardez comme cette faiblesse écrasée est devenue une force triomphante ; comme de cette défaite ont jailli toutes les victoires et de cette mort d'un crucifié toutes les beautés, toutes les fécondités de la vie. — Après le Christ, la contradiction continue ; elle continuera toujours. Les apôtres meurent frappés comme des criminels, mais la mort les consacre ; elle les consacre rois du monde, et les souverains et les peuples iront se prosterner devant leurs tombeaux. Les martyrs meurent ; on les condamne eux aussi aux derniers supplices, mais, par une vertu secrète, leur sang prépare leur triomphe ; il est une semence de gloire : on leur dressera des autels et ils recevront l'hommage de toutes les générations. Ainsi en est-il dans l'Eglise de Dieu ; le Christ qui l'inspire et qui la gouverne, ne change pas ; sa méthode est toujours la même : c'est par les humiliations qu'il nous conduit à la gloire ; c'est par les défaites noblement subies, qu'il fait de nous des victorieux. Qui sait si notre siècle n'oublie pas un peu cette grande loi chrétienne, qui domine l'histoire, et s'il ne cherche pas, pour combattre et pour vaincre, des armes que le Christ ne bénit pas toujours ?

Nous sommes ici, ce matin, pour célébrer une

de ces grandes victoires, remportées par la Foi, selon la méthode du Christ. Le prêtre, que vous voyez, sur son piédestal de granit, la croix sur la poitrine et vous montrant le ciel, ne fut pas un batailleur, ni un écrivain, ni un éloquent. Il trouva sa grande force dans la Foi, dans l'ardent amour du Christ et des âmes. A une époque néfaste et criminelle, on le poursuivit comme une bête fauve ; on le saisit, on le garrotta ; on le mit en prison, on le condamna, on le tua. Il mourait pour le Christ : le Christ se chargeait de le venger à son heure et cette heure est venue. Le voilà celui dont le monde, dans un moment de folie furieuse, faisait tomber la tête ; le voilà ressuscité, mis en lumière, placé comme en triomphe, sur le point culminant de notre pays ; il se dresse noblement, transfiguré, glorieux ; on le bénit, on l'acclame ; c'est la revanche divine, c'est la victoire de la Foi : *hæc est victoria quæ vincit mundum, fides nostra.*

Ce spectacle est notre joie de chrétiens ; il est aussi notre joie de patriotes. Enfants de l'Auvergne, l'abbé Filiol nous appartient : c'est là-bas, dans ces forêts profondes, que mon regard embrasse, où de ce côté, dans les forêts de l'Auze, qu'il a erré, pendant deux ans, mourant de froid, de fatigue et de faim ; c'est à quelques kilomètres d'ici, à Mauriac, que sa tête est tombée et il a rendu à Jésus-Christ le sublime témoignage du sang. Terre d'Auvergne, réjouis-toi : ce prêtre, ce héros, ce martyr, c'est ton fils, qui te comble de gloire, et nous ses compatriotes et tes enfants aussi, nous l'acclamons avec une sainte allégresse, et nous chantons la grande victoire de la Foi, remportée chez nous par un des nôtres : *hæc est victoria quæ vincit mundum : fides nostra.*

Monseigneur, vous êtes venu le saluer, ce fils glorieux de l'Auvergne : au nom de tout ce peuple, je vous remercie. Tout ce qui touche aux intérêts religieux de notre cher diocèse vous est profondément à cœur. C'est pourquoi vous avez béni, à ses débuts, l'œuvre sainte et patriotique, que nous couronnons aujourd'hui. Elle a grandi et elle s'achève, sous vos paternelles bénédictions. Il vous appartenait d'inaugurer ce triomphe de la catholique Auvergne, dans l'un de ses plus nobles enfants. Vous êtes notre père dans la Foi, notre Père très doux, très bon, très aimable et très aimé. Nous sommes fiers que notre père soit avec nous aujourd'hui, et que sa foi tressaille à côté de la nôtre, et nous voulons que cette manifestation, solennelle et touchante, vous soit, pour le présent, une consolation joyeuse et, pour l'avenir, une douce espérance.

J'aborde mon sujet qui sera simplement le commentaire de mon texte. Je vais vous montrer les victoires, que l'abbé Filiol doit à sa foi ; les victoires de son enfance et de sa jeunesse ; les victoires de sa vie sacerdotale et de son martyre ; les victoires qui ont suivi sa mort, plus complètes encore et plus brillantes que toutes les autres.

I

François Filiol naquit à Bouval, au village qui est là, près de nous, le 22 août 1764. Il appartenait à une modeste famille de cultivateurs. Les enfants que Dieu destine au sacerdoce, ont pour la plupart une humble origine : ils sont fils de paysans. L'éducation bourgeoise de nos jours n'est guère propre à développer les germes d'une vocation ecclésiastique. Les familles riches qui se font du bien-être un besoin, du plaisir une habitude, du luxe une espèce de gloire, ne fournissent à l'Eglise qu'un petit nombre de prêtres. On le conçoit : au contact d'une vie molle, l'âme de l'enfant ne saurait acquérir ces énergies chrétiennes, qui sont avant tout les énergies du sacrifice. Quand on a dormi, dès son enfance, sur l'oreiller du plaisir, il est bien difficile qu'on devienne plus tard, soldat de l'abnégation et du renoncement. Les enfants des familles chrétiennes de nos campagnes reçoivent une éducation plus mâle et plus sévère ; ils grandissent à l'école du travail, de la sobriété, des privations salutaires ; ils forment ces générations vigoureuses sur qui Dieu abaisse les regards de sa complaisance pour y choisir ses prêtres et ses apôtres.

François Filiol fut un de ces enfants prédestinés : les années de son enfance s'épanouirent dans ce milieu simple et sévère des familles de nos campagnes, sous le regard d'une mère intelligente et profondément chrétienne. Une mère intelligente et chrétienne, c'est le plus grand bienfait de la Providence ici-bas. Elle est aux enfants qui grandissent autour d'elle, ce que sont à la fleur le soleil et la rosée du ciel. Parmi les fleurs du foyer domestique, il y en a presque toujours, entendez bien, presque toujours quelqu'une plus délicate, plus embaumée ; c'est la fleur que Dieu se prépare et qu'il veut transplanter dans le jardin de son Eglise. Heureuse la mère qui sait deviner cette fleur du bon Dieu ! Heureux l'enfant qui sait répondre aux intuitions de sa mère chrétienne ! Il comprendra plus tard que si sa vocation sublime est avant tout l'œuvre de Dieu, elle est, après Dieu, l'œuvre de sa mère, et il gardera toute sa vie, un souvenir de reconnaissance et d'amour, le souvenir le plus profond de son cœur, à celle qui l'enfanta deux fois, une première fois à la vie de la nature, une seconde fois à la vie de la grâce, de cette grâce immense qui s'appelle le sacerdoce catholique. Prêtres du Seigneur, Frères bien-aimés, il me semble qu'en ce moment je traduis vos sentiments à tous avec vos plus chers souvenirs ; il me semble que les figures de nos mères revivent, passent devant nos yeux, qui se mouillent et que nous les saluons avec des paroles qui sortent de nos cœurs émus : « Ma mère, merci ! C'est à vous que je dois la gloire et le bonheur de mon sacerdoce ! »

Que se passait-il dès les premières années, entre le jeune François et sa mère ? Je ne puis pas le dire exactement, mais il est très vraisemblable que François fut l'objet d'une sollicitude plus tendre. Si le secret de Dieu ne se révélait pas encore, l'intelligence, la piété, la douceur du jeune enfant étaient comme une indication providentielle. Ces indications divines n'échappent guère au clairvoyant regard d'une mère pieuse : son cœur les devine presque toujours. Nous savons que François restait à la maison plus que ses frères ; qu'on le dispensait des travaux pénibles, pour ménager sa santé délicate, et qu'on prit un soin particulier de son éducation. L'école la plus rapprochée était l'école de Pleaux, à trois kilomètres de Bouval ; il fut décidé que l'enfant irait tous les jours à Pleaux. Mais la distance, mais les fatigues de la route, qui n'était alors qu'un sentier, mais la difficulté de procurer à l'enfant son repas de midi, est-ce que la famille n'y avait pas songé ? Ce sont là des préoccupations fin de siècle : nos pères ne les avaient pas, ils étaient plus braves que nous. Tous les jours, le jeune François emportant son petit panier, s'en allait gaiement. Le petit panier était pour midi, pour le déjeuner frugal qui se faisait en quelques minutes en plein air ou dans un coin de l'école. Le soir, la classe finie, le jeune élève retournait gaiement comme il était venu. A la maison, il retrouvait son père, sa mère, ses frères ses sœurs, toute la famille réunie ; ensemble on mangeait une soupe appétissante de pain bis ; ensemble on se mettait à genoux pour faire la prière, et puis c'était le repos, c'était le sommeil, le sommeil que Dieu bénit, que les anges environnent et regardent en souriant, car les Anges de Dieu aiment si bien leurs frères de la terre, à l'âme innocente et au cœur pur. — Je ne sais pourquoi je m'attendris en disant ces choses : ô frugalité, ô simplicité, ô Foi naïve du bon vieux temps, je vous aime et je vous regrette ; pourquoi êtes-vous disparues ? Pour vous ravoir je donnerais volontiers toutes les mièvreries d'aujourd'hui, tous les palais scolaires, tout le luxe de l'enseignement moderne. C'est le progrès, dit-on : j'en doute fort ; le progrès ne marche guère avec les inventions de l'égoïsme et de la vanité.

François avait grandi, à cette rude discipline de la famille et de l'école ; il avait fait sa première communion ; sa Foi était devenue plus vive, plus clairvoyante aussi, car la Foi c'est la lumière. Il avait jeté un premier regard sur l'avenir et il avait entrevu. Il arrive quelquefois que Dieu donne comme une vision lointaine aux âmes prédestinées. Un jour il vint à sa mère et lui dit : « Mère, je veux être prêtre », et la mère, qui le savait déjà, son cœur le lui avait dit, la mère l'embrassant avec tendresse : « Tu seras prêtre », répondit-elle ; puis, levant les yeux au ciel, elle dit à Dieu : Merci !

Être prêtre, c'est bien, c'est beau ; mais quand on est pauvre, quand on a élevé quatorze enfants, quand on les a nourris de son travail et de ses sueurs, dans l'épuisement de la pauvreté, comment trouver les ressources indispensables, pour aider le bon Dieu à faire un prêtre ? Idées humaines que ces idées-là : est-ce que Dieu, quand il veut, ne sait pas rendre la pauvreté féconde ? Frères vénérés du Sacerdoce, vous êtes ici, sur ce monticule, une centaine environ ; quatre-vingt-dix au moins d'entre vous sont venus de familles très honnêtes, très chrétiennes, mais très modestes. Vous êtes la preuve que la pauvreté n'empêche pas d'arriver au Sacerdoce, et j'ajoute qu'elle n'empêche pas d'arriver à l'Episcopat. Il faut se rappeler que Dieu l'a bénie : cette bénédiction de Dieu est le secret de sa richesse, de sa fécondité, de sa gloire. La mère de François le savait : Dieu apprend beaucoup de choses aux femmes vraiment pieuses ; elles sont quelquefois plus théologiennes que les théologiens. A quinze ans, François se mettait en route, il partait pour Mauriac.

Le collège de Mauriac était alors en grand renom dans le pays. Les pères Jésuites l'avaient fondé et dirigé, pendant de longues années. Maîtres incomparables, ils avaient acquis la confiance de toutes les familles ; ils faisaient si bien, à Mauriac comme ailleurs, que les sectaires du XVIIIe siècle ne les supportaient pas. Ils étaient l'avant-garde de l'armée catholique : en bonne stratégie, il faut disperser l'avant-garde, avant d'attaquer le corps de bataille. De là l'expulsion des Jésuites, prélude de la Révolution. Les Jésuites furent remplacés par des prêtres fort distingués, à la tête desquels je citerai *M. Pierre Fouilloux*, d'Auzers. Pourquoi pas par des laïques ? Eh, mon Dieu, parce qu'alors on ne pensait pas tout à fait comme on pense aujourd'hui. On se figurait que, pour bien remplir le rôle délicat d'éducateur de la jeunesse, il fallait avoir un caractère sacré. On n'ignorait pas que l'Église a reçu de Dieu la mission sublime de former et de gouverner les âmes. Or, dans les âmes, l'intelligence ne se sépare pas des autres puissances d'agir; elle ne se sépare pas du cœur, de la volonté, du caractère : tout marche ensemble et se développe dans une harmonie, dans une solidarité parfaites. Si Dieu nous a donné les âmes, à nous, prêtres, et si elles nous appartiennent, l'intelligence nous appartient aussi. Educateurs, nous sommes dans notre rôle, et l'éducation parfaite n'a pas lieu sans nous. C'est ainsi qu'on pensait en 1780, et c'est pourquoi il n'y avait pas d'écoles laïques, au sens actuel du mot; toutes les écoles étaient sous la surveillance, ou du moins sous la haute direction du prêtre. Avec le progrès, nous avons changé tout cela. La girouette française tourne, depuis un siècle, à tous les vents de la contradiction. Arrivera-t-on jamais au beau fixe? C'est possible et je l'espère; mais je ne l'espère qu'autant que nous retrouverons le bon sens de nos aïeux, le vieux bon sens chrétien et français.

Ce que fut François Filiol, au collège de Mauriac, personne n'a pu nous le dire; les documents nous manquent; mais nous pouvons affirmer qu'il fut collégien modèle, aussi pieux que laborieux. Sous la direction de ses dignes maîtres, les germes de sa vocation sainte s'épanouirent heureusement. *Il veut être prêtre*, leur avait dit la mère en leur présentant son fils. *Il sera prêtre*, répondirent-ils en rendant le fils à la mère. De fait, en 1786, au terme de ses humanités, François Filiol préparait son trousseau de séminariste ; il partait pour le grand séminaire de Clermont-Ferrand.

Qu'est-ce qu'un séminariste ? Etrange question, me direz-vous ; pas si étrange que vous pensez et vous allez en juger :

Voici un jeune homme de vingt ans : vingt ans, c'est la première fleur, la fleur brillante de la jeunesse ; vingt ans, c'est la vie ensoleillée, dans tout l'éclat de sa fraîcheur ; vingt ans, c'est le grand rêve, le rêve de l'avenir, car l'avenir est là qui salue les vingt ans de son plus doux sourire, en étalant le mirage de ses séductions. Il y a tout dans ce mirage doré : les plaisirs, les honneurs, la fortune, l'indépendance, la liberté, et, pour les âmes innocentes et chrétiennes, les joies intimes, le bonheur pur de la famille, d'un foyer domestique. Jeune homme, en présence de tous ces enchanteurs qui t'appellent, que feras-tu ?... Le plus souvent la jeunesse ne résiste pas, elle se livre ; c'est la condition commune. Mais il arrive quelquefois que, sur le seuil de l'avenir, elle se recueille ; puis regardant le monde, qui lui sourit, elle dit au monde : *Tu ne m'auras pas ;* au plaisir : *Je te méprise ;* aux espérances mondaines : *Vous êtes vanité ;* et, se tournant vers le Christ, elle ajoute : *Vous serez, vous, la part de mon héritage : je serai humble*, *je serai pauvre, je serai crucifié, je serai chaste ;* pour tout dire, en un mot, *je serai prêtre !*

Vous conviendrez avec moi que, pour tenir ce langage, il faut des énergies qu'on ne trouve pas en soi-même ; c'est Dieu seul qui les donne. Il les avait données, en large mesure, au jeune François Filiol et il le fallait bien. Si la décision du jeune homme de vingt ans, qui livre à Dieu sa jeunesse, est toujours courageuse, elle devait l'être cent fois à l'époque où vivait l'abbé Filiol. En 1786, l'horizon était déjà bien sombre et l'orage grondait dans le lointain, cet orage terrible, formé de tous les préjugés, de toutes les passions, de toutes les calomnies, de toutes les haines et surtout de toutes les impiétés. Cet orage pouvait éclater d'un jour à l'autre ; François ne l'ignorait pas, mais les menaces de l'avenir ne purent l'ébranler : calme, tranquille, souriant, il dit à Dieu la parole qu'il avait dite à sa mère : *Je serai prêtre !*

Je n'aurai pas grand'chose à dire du séminariste de Mont-Ferrand ; les documents font toujours défaut ; il n'en reste qu'un, mais celui-là peut suppléer tous les autres. A la première page de quelques livres, ayant appartenu à l'abbé Filiol, et que la famille Faucher conserve précieusement, nous lisons les lignes que voici *Præmium laboris ac virtutis, ex dono D. D. Francisci de Bonal, Claromotensis episcopi, comitisque Brivatensis,* ce qui veut dire : prix de travail et de vertu, donné par Monseigneur de Bonal, évêque de Clermont et comte de Brioude.

Ces deux lignes sont tout une révélation : de notre temps, Monseigneur, on ne donnait pas de prix au grand séminaire ; je ne sache pas qu'on en ait jamais donné ; on n'en donne pas davantage aujourd'hui, parce que probablement les prix seraient inutiles. Tous nos séminaristes sont travailleurs et pieux, soldats du travail et de la vertu. S'il y avait un palmarès au grand séminaire, on risquerait d'y trouver un trop grand nombre d'*ex æquo*.

Il devait en être ainsi, au grand séminaire de Clermont, à la fin du siècle dernier : d'où je conclus que le don de Mgr de Bonal à l'abbé Filiol avait une signification exceptionnelle : il voulait dire que l'abbé Filiol était plus régulier, plus studieux, plus pieux, plus vertueux que ses condisciples. C'est ainsi qu'il allait vers la montagne sainte, par le chemin du travail et de la vertu ; c'est ainsi qu'en cette année fameuse, 1789, il arrivait sur les hauteurs lumineuses du sacerdoce, Mère, la mort t'a séparé de ton fils : mais tu peux être joyeuse et lui sourire du haut du ciel ; il est prêtre : c'est ton triomphe et c'est sa victoire. Il a vaincu par la Foi ; il a vaincu le monde, sous le chaume, où son enfance a grandi pure comme une fleur du ciel ; il a vaincu le monde, sur les bancs de l'école où sa jeunesse s'est affermie dans les privations, dans le travail dans la piété ; il a vaincu le monde, dans ce saint asile de Mont-Ferrand (1), où il a tressé,

(1) C'est *Clermont* qu'il faut lire, le grand séminaire n'ayant été transféré à Montferrand qu'en 1808.

avec toutes les vertus, sa couronne sacerdotale. En attendant des victoires nouvelles, saluons ce victorieux de vingt-quatre ans : *Hæc est victoria quæ vincit mundum, fides nostra.*

II

Le jeune prêtre rentre à Bouval, où l'attendait son vieux père. Sa vie n'a rien d'extraordinaire, jusqu'à l'heure marquée par la Providence. Il passe une année à Mauriac, comme précepteur des enfants de M. Ternat-Lapleau ; une seconde année, à Drugeac, comme vicaire. Puis le ciel s'assombrit, la tempête éclate, les fureurs se déchaînent ; nous allons entendre les hurlements des bêtes féroces, au milieu du sang et des ruines.

Il n'entre pas dans mon dessein de faire passer sous vos yeux les horreurs de cette période effrayante, unique dans l'histoire du monde. Pour l'honneur de mon pays, je voudrais bien l'effacer de nos annales, car elle démontre que si la France est le pays le plus doux, le plus charitable, le plus chevaleresque, le plus chrétien du monde, elle peut devenir aussi une nation de sauvages, quand Dieu l'abandonne et qu'elle se grise d'impiété.

L'impiété est l'essence même de la Révolution : celle-ci est née dans l'impiété, elle en vit encore ; il faut espérer qu'elle en mourra. Ne vous étonnez pas qu'elle ait frappé ses coups les plus terribles contre Dieu et contre l'Eglise, ni qu'elle ait imaginé cette *Constitution civile* du clergé, qui devait faire de l'Eglise de France une Eglise schismatique, un corps sans tête. Catholiques, notre foi est très simple et très claire : nous formons tous un même corps : *Multi unum corpus sumus*. La tête de ce corps mystique, c'est le Christ, qui commande, qui gouverne, qui imprime à tout le corps le mouvement et la vie : *Ipse est caput corporis Ecclesiæ ;* et comme le Christ est invisible, il s'est donné ici-bas un lieutenant, qui est par lui le chef visible, la tête visible de l'Eglise. C'est le Pontife suprême, c'est le Pape. Unis à lui, nous avons la vie ; séparés de lui, nous tombons dans la mort, nous sommes des guillotinés. En quelques mots, voilà le dogme fondamental de l'Eglise catholique : il est en contradiction manifeste avec la *Constitution civile du Clergé*.

Les étranges législateurs de la Révolution avaient la naïveté de croire que le clergé de France accepterait cette Constitution schismatique et qu'au besoin ils l'imposeraient facilement par la force. Ils ne savaient pas ce qu'est un prêtre catholique. Lorsque, dans le généreux élan de sa jeunesse, on a donné librement au Christ son âme, son intelligence, son cœur, sa volonté, son corps même et sa vie tout entière jusqu'au dernier soupir ; lorsque on a reçu du Christ la glorieuse empreinte d'une consécration éternelle, se séparer du Christ, se séparer du Pape, vicaire du Christ, c'est impossible, parce que ce serait la trahison, la désertion, la honte pour jamais et pour jamais aussi la damnation.

Nobles et saintes figures du clergé de France, évêques, prêtres, religieux, qui vous dressant fièrement dans votre dignité chrétienne et sacerdotale, avez refusé le serment que réprouvait votre conscience et regardé, sans trembler, la prison, l'exil, les pontons, les affreux pontons, la guillotine et la mort, je vous admire : honneur à vous ! La misère et l'ennui vous ont dévorés sur la terre étrangère ; vous êtes morts de douleur ou bien l'on vous a massacrés dans l'ombre, sur la paille infecte des cachots ; vous êtes montés sur la charrette fatale et votre tête a roulé sur l'échafaud sanglant ; mais par vous, par l'héroïsme de votre Foi, le Christ a vaincu ! Frères du Sacerdoce, je ne sais pas ce que l'avenir nous réserve : il y a bien des menaces dans les lointains de l'horizon. Regardons-les sans peur : le jour où elles éclateraient sur nous, ce jour-là éclaterait aussi notre invincible courage; par nous le Christ serait encore vainqueur, et bientôt une voix comme la mienne, plus éloquente que la mienne, redirait aux foules, en face de nos dépouilles : Voilà les victorieux du Christ. *Hæc est victoria quæ vincit mundum, fides nostra !*

L'abbé Filiol n'était pas homme à vendre sa conscience, pour sauver sa vie : comme vous pensez bien, il refusa le serment. L'exil ne le tenta pas ; il voulut rester sur la terre natale, où sa présence, sa parole, son ministère pouvaient être utiles aux âmes en détresse ; il le voulut, malgré les menaces de mort tous les jours suspendues sur sa tête.

Ici commence une courte odyssée chrétienne, très intéressante, très édifiante, parfois tristement risible, toujours émouvante jusqu'aux larmes.

Dans un coin de l'étable, il s'était creusé une cachette, qui existe encore et que vous pourrez visiter. Il y descendait par une trappe, pratiquée dans le plancher de la grange, sous les monceaux de paille et de foin. Les gens du village faisaient le guet : à l'apparition de la gendarmerie et au signal convenu, l'abbé Filiol glissait dans sa cachette, et c'était en vain que les gendarmes fouillaient partout avec leurs sabres. Que de longues heures le pauvre abbé passait de la sorte, dans son introuvable réduit, sans air et sans lumière !

Il étouffait dans ce réduit de Bouval, et son zèle d'apôtre lui reprochait de ne rien faire pour les pauvres âmes privées de tout secours religieux. Le voici qui abandonne son village : il part pour Mauriac où la famille Ternat le cache, pendant quelque temps ; puis il s'enfonce dans les forêts de l'Auze, près de Brageac, où l'héroïque *Catinon-Menette* l'empêchera de mourir de faim. Quelle vie que celle de ce pauvre prêtre, obligé de se cacher nuit et jour, dans le creux des rochers, exposé, d'une heure à l'autre, à tomber entre les mains des sbires de la Révolution ! Un jour, sur les bords de l'Auze, pendant qu'il cheminait avec *Catinon-Menette*, il est surpris par les gendarmes ; la sainte fille était allée le voir et lui porter du pain. Une scène grotesque se passe alors entre elle et le jeune prêtre : l'abbé Filiol, tout déguenillé, se met à contrefaire l'ivrogne; *Catinon* le gourmande, lui reproche son inconduite, s'indigne contre lui : il dépense à boire tout le fruit de son travail, alors qu'à la maison les enfants meurent de faim ; il mériterait bien d'être livré aux gendarmes et mis à la *lanterne* : et les gendarmes de rire et de passer leur chemin ; l'industrie de la sainte fille avait réussi, l'abbé Filiol était sauvé.

A quelqte temps de là, nous le trouvons dans les bois et les gorges de la Maronne, près du village d'Enchanet, où était établie une partie de sa famille. Ces gorges étaient plus sûres et moins froides que celles de l'Auze. Il y rencontra deux prêtres, réfractaires comme lui, l'abbé Pomeyrol et l'abbé Couderc. L'existence dans les bois de ces trois prêtres est héroïque de privations, de souffrances, d'angoisses. On se rappelle involontairement l'admirable chapitre de la lettre aux Hébreux, où l'Apôtre raconte, avec tant d'émotion, ce qu'ont enduré pour la Foi les martys et les saints du passé ! Comme aux persécutés des temps antiques, tout manquait aux fugitifs d'Enchanet : *egentes* ; aux épreuves du froid et de la faim s'ajoutaient les mortelles angoisses : *angustiati, afflicti* : la nuit venue, ils peuvent quelquefois, à la faveur des ténèbres, gagner une maison sûre, célébrer les saints mystères, baptiser, marier, confesser, dispenser la Sainte Eucharistie, mais toujours au péril de leur vie. Le jour venu, ils s'en vont, ils se dérobent dans les profondeurs des bois, passant, pour dépister les gendarmes, d'un versant à l'autre, de colline en colline, de rocher en rocher : *in solitudinibus errantes, in montibus, in speluncis et in cavernis terræ.* Le monde impie de la Révolution n'était pas digne de les avoir : *Quibus dignus non erat mundus.* Dieu les appellera bientôt, parce qu'ils sont dignes d'être a lui.

Après le terrible décret du 18 mars 1793, pour ne pas compromettre la famille Pomeyrol, l'abbé Filiol rentre à Bouval. C'était aller à la mort, et il le savait bien. Il est même extraordinaire qu'il ait pu vivre, à Bouval, pendant deux mois, sans trop se cacher, disant la messe, faisant le catéchisme aux enfants, et qu'il ait échappé aux perquisitions de la gendarmerie. Vous faisiez bonne garde autour de lui, chrétienne population de Bouval, et votre dévoûment courageux restera votre gloire. Ils vous aidaient sans qu'il y parût, ces deux braves gendarmes, dont il faut garder les noms avec reconnaissance, *Bayle* et *Jammeton.* Qui sait si vous ne l'auriez pas sauvé, votre admirable abbé Filiol, sans la trahison d'une misérable servante? En ce monde, pour trahir les justes, il y a toujours des Judas.

Dénoncé par cette ignoble femme, l'abbé Filiol est découvert, saisi, garrotté, conduit à Aurillac, d'Aurillac à Mauriac, traduit en jugement, condamné à mort : tout cela en cinq jours. La justice, disons mieux, l'injustice était sommaire en ce temps-là. Au milieu de la consternation générale, les bourreaux arrivent, l'échafaud se dresse, tout est bientôt prêt ; voici la victime, elle s'avance d'un pas ferme, calme, sereine, émue, mais plutôt souriante ; dans son attitude, dans son regard, rien ne trahit la peur : est-ce qu'on a peur de la mort, quand la mort n'est que le transbordement à la gloire et à l'immortalité ? Son dernier regard est pour *Catinon-Menette* : l'héroïque fille était là pour recevoir le sang du martyr. Sa dernière parole est pour ses bourreaux ; il donne à l'un d'eux sa montre et quelques assignats. Il y a des martyrs dont l'heure suprême ressemble à l'agonie du Christ : est-ce que Notre-Seigneur, du haut de la croix, n'avait pas eu un dernier regard de tendresse ? N'avait-il pas fait entendre à ses bourreaux une parole de pardon ?

Bourreau, hâte-toi donc ; laisse tomber le couperet fatal : celui que tu vas tuer, c'est un martyr, c'est un saint !... Tout est fini : le couperet a fait son œuvre, la tête du martyr a roulé sur l'échafaud. Autrefois, dans la Rome antique, lorsque le bourreau avait mis à mort un illustre condamné, il paraissait devant César, et lui montrant son épée sanglante, il disait : *Fuit !* Il n'est plus, il est mort ! Aujourd'hui, en présence de cet échafaud, que je regarde, tout ému, à travers un siècle ; en présence de la victime sanglante, étendue sur l'échafaud, je ne vous dirai pas : *Fuit*, il n'est plus ! Non, je vous dirai plutôt, de toutes les forces de mon cœur et de ma voix : Il est vivant, plus vivant que jamais ! Il est vivant dans sa victoire ; l'échafaud, c'est son champ de bataille, et les vaincus sont les bourreaux, et le victorieux, c'est lui ! Juges et bourreaux, confessez votre défaite. De ce prêtre que vouliez-vous ? Un acte de lâcheté, un acte de trahison : vous ne pouviez pas les avoir et vous ne les avez pas eus. Ce prêtre vous a échappé, avec sa foi, son courage, son héroïsme, son honneur sacerdotal immaculé, et vous, vous avez montré votre impuissance, vous avez été vaincus. A vous la honte, à lui la gloire ! A vous la honte, qui pèsera d'un poids écrasant sur votre mémoire maudite ! A lui la gloire, qu'on chantera là-haut, dans l'assemblée des martyrs et des saints, que nous chanterons ici-bas, que nous chantons, ce matin, en cette grande et joyeuse fête. La voilà, la victoire sublime, l'immortelle victoire de la Foi : *Hæc est victoria quæ vincit mundum, fides nostra !*

III

Les victoires des martyrs ont un double privilège : elles ne s'arrêtent pas aux limites d'une époque, d'un siècle, pas même de plusieurs siècles ; elle ont un rayonnement qui s'étend à toutes les générations : ce rayonnement est immortel ; immortelle aussi est leur fécondité. Il y a, dans le sang des martyrs, comme une semence chrétienne : *Sanguis martyrum semen christianorum.* Cette parole a des profondeurs que tout le monde ne voit pas : je vais essayer de les dévoiler.

Le sang des martyrs est béni, consacré, sanctifié et en quelque sorte divinisé par le Christ. Il a coulé, comme celui du Christ, pour Dieu, pour la vérité, pour les âmes ; il s'est mêlé à ce beau fleuve de sang divin, qui porte aux quatre coins du monde les grâces et les bienfaits de la Rédemption. Uni au sang du Christ, il y puise une merveilleuse puissance de germination et de floraison chrétiennes. Sang des martyrs, c'est ainsi que vous devenez une semence divine : partout où vous tomberez, vous laisserez des germes de Foi, de vertu, de courage, de dévouement, de charité, d'œuvres saintes, et ces germes grandiront, sans qu'on sache quelquefois où est la sève qui les nourrit. La sève, c'est vous, et les siècles eux-mêmes n'épuisent pas votre fécondité : *Sanguis martyrum, semen christianorum*.

Monseigneur, c'est au canton de Pleaux qu'appartient l'abbé Filiol. En bonne logique surnaturelle, c'est le canton de Pleaux qui devait le premier bénéficier de son sang. Ce canton est un des plus beaux de votre diocèse ; je trouve, moi, qu'il est le plus beau du monde ; j'ajoute qu'il est aussi un des cantons les plus chrétiens. Je le connais de vieille date et je ne crains pas d'affirmer qu'on aurait de la peine à trouver ailleurs des familles plus fidèles aux traditions de leur Foi, des paroisses plus dociles à la voix de leurs pasteurs, plus sympathiques à leur caractère sacré, plus respectueuses de leur autorité.

Voulez-vous me permettre un souvenir ? Je me rappelle qu'autrefois un de vos vénérés prédécesseurs se trouvait à Pleaux, en visite pastorale : il proposait à l'un des vicaires, qui était dans la paroisse depuis longues années, un déplacement très avantageux. Le vicaire résistait avec une respectueuse obstination ; il résista si bien qu'il eut gain de cause et que l'évêque vaincu se prit à dire : « Pleaux, c'est donc le Paradis des vicaires, » à quoi le vicaire répondit : « Mais aussi, Monseigneur, ce sont, à Pleaux, les vicaires du Paradis. »

Il en est des paroisses du canton à peu près comme du chef-lieu. Elles sont un peu gâtées par la Providence : aimables par la beauté des sites, par la fécondité du sol, elles le sont encore davantage par le caractère franc, loyal, sympathique des populations ; les âmes y sont toujours ouvertes à la lumière chrétienne, et les cœurs, aux sentiments généreux de la Foi. Cela est si vrai, Monseigneur, que, sans vouloir pénétrer dans les secrets de votre Conseil épiscopal, j'ose affirmer qu'on ne vous refuse pas souvent les postes du canton de Pleaux et que, de ce côté, votre sage administration ne rencontre aucune difficulté.

Où peut être la cause de ce maintien de la Foi, des sentiments, des pratiques de la Foi, au milieu des contagions de notre époque et des défaillances chrétiennes, hélas ! si nombreuses ? Abbé Filiol, saint martyr, cette cause n'est-elle pas la vertu de votre sang ? N'est-ce pas vous qui gardez nos familles, Dieu dans nos familles, la Foi dans nos paroisses ? N'est-ce pas vous qui chassez de notre atmosphère chrétienne les microbes de l'impiété et qui faites respirer aux âmes un air toujours pur ? Il est permis de le croire et je le crois : *Sanguis martyrum, semen christianorum.*

Non loin d'ici, Monseigneur, et je le vois dans cette plaine qui s'étend à nos yeux, il y a une maison, qui m'est chère et qui vous est chère aussi. C'est une pépinière féconde de chrétiens et de prêtres. Au temps de l'abbé Filiol, elle n'existait pas ; elle devait naître seulement quinze ans après sa mort. Pourquoi un séminaire ici, à l'extrémité du diocèse, aux frontières de la Corrèze ? Pourquoi n'avoir pas choisi un point plus central ? Abbé Filiol, je suis embarrassé pour répondre : répondez pour moi. Eh bien, oui, il me répond ; il me répond que cette terre, qu'il avait tant aimée, a gardé le meilleur de son affection ; qu'il a voulu lui appliquer la vertu divine de son sang ; qu'il a demandé au Christ, roi des Martyrs, qu'elle fût féconde en chrétiens et en prêtres. Grâce à lui, elle l'est devenue par son cher petit séminaire et elle le sera toujours : *Sanguis martyrum, semen Christianorum !*

Oui, elle a été féconde cette maison de Pleaux quand je regarde son passé de quatre-vingts ans, je vois la multitude brillante de ses fils, que toutes les gloires couronnent ; je vois des hommes qui ont honoré toutes les carrières libérales, des fonctionnaires de tout rang, des magistrats qui ont illustré le barreau, des officiers qui se sont distingués par leur intelligence et leur vaillance, des généraux même, et le seul général à qui la fortune ait souri pendant l'année terrible (1), et tous ont été fidèles à la foi de leur enfance et de leur jeunesse, tous sont restés chrétiens.

Dans cette légion, sortie du petit séminaire de Pleaux, la plus large place et la place d'honneur est à vous, prêtres vénérés, mes frères du Sacerdoce. Vos devanciers ont été la gloire de ce diocèse. Que de figures vénérables et saintes apparaissent dans mes souvenirs émus ! Sur ces nobles fronts de prêtres disparus, je vois briller toutes les auréoles, les auréoles de la piété, de la vertu, de la sainteté, de la science, de la bonté paternelle et séduisante. J'évoque le passé et je voudrais pouvoir citer une foule de noms qui restent gravés dans la mémoire de mon cœur. Le présent n'est pas indigne de ce passé de gloire ; est-ce que vous n'êtes pas fier, Monseigneur, de ces prêtres que Pleaux vous a donnés et qu'il vous donne encore, qui vous entourent de tant de sympathie filiale, qui sont votre joie et votre couronne d'honneur, soit sur cette terre d'Auvergne, soit ailleurs, sur d'autres théâtres où ils deviennent la gloire de leur diocèse d'origine, par le talent, par la vertu, par les brillants succès. N'ai-je pas ici, devant moi, parmi mes

(1) Le général d'Aurelles de Paladine, né à Malzieu (Lozère), et qui commanda avec honneur la première armée de la Loire, en 1870 (1804-1877).

auditeurs, un de mes élèves les plus aimés, un jeune docteur ès lettres, qui vient d'ajouter une gloire nouvelle à toutes les gloires plaudiennes ? (1)

Abbé Filiol, nous vous disons tous : Merci ! Votre sang est d'une admirable fécondité : *Sanguis martyrum, semen christianorum.*

Elle reste donc toujours féconde cette chère maison de Pleaux. Je vais dire, en finissant, la plus belle de ses fécondités : elle ne fait pas seulement des prêtres, pas seulement des évêques, pardonnez-moi : je suis un de ceux qu'elle a faits ; elle travaille mieux encore : elle fait des missionnaires et des martyrs. Toute la presse a raconté naguère la mort du père Berthieu, dans la grande île de Madagascar. Cet enfant de l'Auvergne a été lâchement assassiné par des sauvages, en haine de la Foi ; il est tombé vaillamment pour le Christ et pour la France. Je suis fier de vous dire que le père Berthieu était, il y a vingt-cinq ou trente ans, élève du petit séminaire de Pleaux, où j'étais moi-même professeur, et je salue ce glorieux enfant de Pleaux, avec une chrétienne et patriotique admiration. Là-haut, dans la brillante légion des martyrs, il a certainement rencontré l'abbé Filiol, et qui sait s'il n'a pas incliné devant lui sa palme de victorieux, en lui disant : *Frère, soyez béni : cette palme je vous la dois.* Désormais le sang du père Berthieu

(1) M. l'abbé Théodore Delmont, le brillant professeur de la Faculté catholique de Lyon. (Note de l'auteur).

comme celui de l'abbé Filiol, sera pour nous une semence divine : *Sanguis martyrum, semen christianorum.*

Ma tâche est finie : je n'ai plus qu'à remercier les initiateurs, les organisateurs, les travailleurs de l'œuvre que nous couronnons aujourd'hui.

Je remercie Monsieur l'abbé Maximin Lalande, ancien vicaire de Pleaux, actuellement curé de Saint-Cirgues-de-Jordanne. C'est lui qui a mis en lumière la figure un peu oubliée de l'abbé Filiol. Vous avez tous lu l'intéressante notice biographique, qui est le fruit de ses laborieuses recherches. C'est lui qui le premier a répandu dans le public l'idée d'un monument à la gloire du martyr ; c'est lui enfin qui, pendant deux ans, n'a épargné ni ses démarches, ni ses voyages, ni sa parole éloquente, pour recueillir les souscriptions nécessaires. Cette journée est donc pour lui une journée de gloire ; qu'il reçoive l'expression de notre reconnaissance.

Je remercie M. le Maire et MM. les Membres du conseil municipal de Barriac. Leur concours était nécessaire ; ils l'ont donné avec un patriotique et généreux empressement. M. le Maire en particulier vient de nous faire entendre un langage vibrant de patriotisme et de foi. Après son discours, chacun de nous a pensé qu'il serait le digne continuateur d'une noble famille qui a ses titres de gloire dans la fidélité de son dévoûment à l'Eglise et à la patrie.

Je remercie M. le curé de Barriac : il a été, sur place, l'auxiliaire généreux de M. Lalande. Il a provoqué, soutenu, conduit le beau dévoûment de cette chrétienne paroisse. Son zèle judicieux calme, prudent, mais tenace et opiniâtre, est pour beaucoup dans le succès de l'œuvre. La vive reconnaissance de ses paroissiens viendra s'ajouter à l'estime et à l'affection qu'ils avaient déjà pour lui.

Je remercie en particulier les habitants de Bouval ; ils se sont montrés admirables : on les a vus abandonner les travaux les plus urgents de la campagne, pour aller prendre, à la gare, les lourds matériaux du monument, et les transporter, sur ces pentes rapides, sans jamais se plaindre et toujours avec un joyeux entrain. Ils ont bien mérité et de l'abbé Filiol et de nous tous. L'abbé Filiol se souviendra ; nous saurons nous souvenir aussi et nous garderons à la population de Bouval, si patriotique et si dévouée, un sentiment d'admiration reconnaissante.

Il y a nombre de souscripteurs que je devrais remercier aussi et dont je ne puis pas citer les noms ; mais vous ne me pardonneriez pas de taire celui de M. l'abbé Bastide, vicaire à la Madeleine. Il a déjà bien des titres à la reconnaissance de son pays ; je vous le dénonce aujourd'hui comme le premier et le plus généreux de tous les souscripteurs, comme l'organisateur de cette brillante fête dont il réserve pour lui tous les frais.

Enfin, je vous remercie tous au nom de Dieu, de votre évêque, de cette paroisse et de l'Auvergne chrétienne. C'est un acte solennel de foi que vous faites aujourd'hui, par votre présence, par votre attitude, par votre nombre : vous affirmez hautement que vous restez attachés de cœur et d'âme à la foi de vos aïeux. Que le martyr, votre compatriote, glorifié par vous aujourd'hui, affermisse dans vos âmes votre fidélité et votre courage chrétiens ! Que votre Foi demeure sereine comme notre beau ciel, féconde comme nos riches campagnes, inébranlable comme le basalte de nos montagnes ! En présence du martyr de l'Auvergne, rappelez-vous qu'on n'est pas vraiment Arverne, quand on n'est pas chrétien ; un vrai fils de l'Auvergne doit prendre pour devise :

Catholique et Français toujours !

Inutile de dire que ce long discours, coupé à deux reprises par des morceaux de musique, afin de permettre à l'orateur de prendre haleine, fut couvert maintes fois d'applaudissements enthousiastes. Un murmure flatteur courait de bouche en bouche, pendant que le Prélat, vigoureusement acclamé, descendait de l'autel.

C'était la fin de la cérémonie religieuse de ce beau jour. Les fêtes de ce monde ont nécessairement des limites, même quand elles se rapprochent le plus possible des fêtes du ciel qui ne finiront jamais. Les masses s'ébranlent et s'éloignent, non sans avoir salué encore une fois le glorieux martyr qui, du haut de son piédestal, semble leur sourire, comme pour dire à tous et à chacun : Merci !

LA VISITE AUX RELIQUES DU MARTYR

Nous devons nous éloigner ici des divers comptes rendus de la fête, à cause des nombreuses inexactitudes ou lacunes qu'ils renferment, leurs auteurs ayant négligé sans doute d'aller puiser les renseignements à bonne source.

La maison où se trouvent en grande partie les objets divers ayant appartenu à l'abbé Filiol, maison qu'habite actuellement la famille Faucher-Parra, n'est assurément pas celle où naquit le martyr, puisqu'elle date à peine du commencement de ce siècle.

La maison natale, que nous avons fidèlement reproduite dans les deux premières éditions, celle qui fut le témoin muet des joies du jeune François, est encore parfaitement conservée et se trouve située en bas du village. Elle est connue sous le surnom de *Le meurt* ou *Laumeur*, sans doute à cause de la fin tragique du glorieux abbé. La vieille mère Tarrieu, de Bouval, morte naguère à l'âge de 89 ans et que nous avons bien connue, se rappelait très bien avoir vu là son parent, Christophe-Joseph Filiol, le frère aînée de l'abbé, marié en 1777 à Marguerite Pomeyrol, d'Enchanet.

Cette maison, avons-nous déjà dit ailleurs, n'offre rien de particulier. Elle est modeste et relativement bien petite. On se demande comment elle pouvait abriter une famille aussi nombreuse, composée de dix enfants, dont 7 garçons et 3 filles, du père et de la mère, ainsi que des vieux parents. (1) Elle comprend une assez vaste pièce qui sert aujourd'hui de cuisine, surmontée d'un grenier que l'on avait dû transformer en dortoir pour la jeune et intéressante petite famille. C'est là, sans doute, que les dix enfants dormaient du sommeil des anges, bercés doucement par des rêves d'avenir ; c'est là que le jeune François, né le onzième, dut apprendre de bonne heure à savoir se contenter de peu, sous le tendre regard de la Vierge qu'il invoqua si souvent dans la suite ; c'est là que sa pieuse mère dut lui enseigner à élever souvent et son jeune cœur et ses petites mains vers le Ciel...

Il serait à souhaiter que le propriétaire actuel, M. Faucher, un parent du martyr, par sa femme, entretînt pieusement cette maison et la préservât des injures du temps, tout en ayant soin de lui laisser son aspect primitif. Nous désirerions aussi, dans l'intérêt des nombreux visiteurs, qu'une plaque commémorative fût apposée sur l'une des façades, avec cette inscription :

MAISON NATALE DE L'ABBÉ FRANÇOIS FILIOL

1764-1793

Avant de quitter le puy de Bouval, qui aura désormais son histoire, les évêques, les prêtres

(1) Le père et la mère Filiol, dans l'espace de 23 ans, eurent en réalité 14 enfants dont 4 moururent tout jeunes. Dans la deuxième édition de l'*Abbé Filiol*, voir pages 9 et s., nous avons donné l'acte de baptême de chacun d'eux.

et la foule voulurent aller vénérer les reliques du martyr et visiter la maison qui le vit naître.

On se rendit d'abord à l'horrible cachette où l'héroïque réfractaire se dérobait aux poursuites des odieux séides de Robespierre et du Comité de Salut public. Construite par le père Filiol, qui craignait toujours pour la vie de son cher enfant, elle se trouve dans la vieille grange sise non loin de la maison natale. C'est un rectangle mesurant 2 mètres de long sur 1 m. 30 c. de large. Il est creusé dans la terre, sous le plancher, et ne reçoit un peu d'air et de lumière que par une petite ouverture donnant sur une écurie. Le haut est couvert d'une énorme pierre placée à dessein pour arrêter le sabre au moyen duquel les gendarmes sondaient le terrain, afin de s'assurer qu'il n'y avait point de prêtre caché. L'eau y suinte constamment à travers les murs ; ce qui devait rendre le séjour humide et malsain. Plusieurs fois, nous nous sommes agenouillé à cette même place où notre martyr avait dû prier des journées et des nuits entières et, pieusement, nous avons baisé les traces de ses pas...

Visiblement émus, les évêques et la foule allèrent ensuite vénérer certaines reliques que l'on conserve précieusement dans la maison Faucher et dont il est parlé en détail dans notre notice biographique (1). Contentons-nous de mentionner ici pour mémoire les objets suivants :

Ce sont des livres de piété, d'histoire et de

(1) Voir *l'Abbé Filiol*, 2e édition, pages 245 et suivantes.

théologie, portant presque tous la signature du saint abbé, et dont il serait prudent de dresser la liste, afin que pas un ne s'égare ;

Un modeste crucifix en fer blanc, percé à jour et appliqué sur une petite croix de bois. La pieuse mère Filiol, sur son lit de mort, l'avait laissé en héritage à son cher François, le petit Benjamin de la famille ; ce dernier, en montant sur l'échafaud, le donna à *Catinon-Menette* qui, plus tard, le laissa elle-même à M. Filiol, prêtre alors retiré à Mauriac et neveu du martyr ;

Le portrait original de l'abbé Filiol, peint sur ivoire, et que M. Parry, photographe à Aurillac, a reproduit très fidèlement en 500 exemplaires :

Un calice en étain, sans le moindre ornement, avec une patène également en étain et marquée d'une croix ;

Un voile de calice, un corporal avec une bourse en satin noir ;

Deux petites sonnettes, au son pur et argentin, et dont se servait l'abbé Filiol, dans les bois de Brageac et d'Enchanet, pour appeler les fidèles à sa messe ;

Une paire de bas et un rabat tel qu'on le portait à cette époque ;

Une pierre sacrée, avec tous les cachets prescrits et encore intacts ;

Quelques lettres autographes, dont le nombre diminue chaque jour ; des fragments d'un sermon pour première communion et que nous serons heureux de reproduire plus loin ;

Une montre en argent, de médiocre valeur, et

que l'abbé Filiol donna à un de ses bourreaux, au pied même de la guillotine, en lui disant : « Je n'ai que cela, mais prenez-le et faites votre devoir, car vous me rendez un grand service. » Ces paroles, prononcées au moment du supplice, en disent plus long que tout un livre ; elles montrent que le généreux prêtre avait vraiment soif du martyre ; on croirait entendre les vaillants chrétiens des premiers siècles de l'Eglise. Nous avons fait en détail, dans la deuxième édition de *l'Abbé Filiol* l'historique de cette montre qui possède une vertu miraculeuse. Elle est en ce moment, croyons-nous, entre les mains de Monseigneur de Verdun.

Nous savons aussi que Mademoiselle Honorine Magne, de Châteauvillain, et Mademoiselle Anaïs Filiol, de Quarantepeyre conservent avec un religieux respect certains autres objets ayant appartenu à leur arrière-grand-oncle.

A signaler enfin, chez les demoiselles Meydieu, de Mauriac, un très joli couvert (cuiller et fourchette), en étain buriné et du style Henri II. L'abbé Filiol le tenait sans doute d'un de ses oncles, curé de Tauves (Puy-de-Dôme), celui-là même qui lui avait donné les premières notions de latin et dirigé sa vocation sacerdotale. Ce couvert fut échangé contre une montre par un parent du martyr, originaire de *Crousi-Soubro*, village de Mauriac. Il est bien regrettable que ces divers objets, jadis en possession de l'abbé Filiol, soient ainsi disséminés un peu partout. Il serait à souhaiter qu'ils fussent un jour tous réunis dans une vitrine, que l'on exposerait soit à Bouval même, ou mieux encore dans l'église de Barriac, sous la pieuse garde du curé de la paroisse.

En terminant cette rapide visite aux reliques du martyr, entrons encore chez Madame Faucher, toujours bienveillante pour les nombreux visiteurs. Voici une *aube* (1), très modeste mais entière et terminée par une petite dentelle. L'abbé Filiol dut s'en servir le matin même de son arrestation pour sa dernière messe en ce monde.

Nous sommes ici, dit la *Croix du Cantal*, « en présence d'une *véritable relique*, très précieuse celle-là, car elle porte au col une large tache de sang, et il semble démontré — détail que M. l'abbé Lalande a connu seulement après la publication de son ouvrage — que l'abbé Filiol obtint de monter à l'échafaud revêtu des ornements sacrés. »

Nous n'avons pas aujourd'hui le moindre doute à cet égard. Dans le cours de nos recherches, aux archives de Clermont, de Mauriac et de Salers, il nous a été facile de constater que le cas n'était point rare à l'époque de la Terreur. Monsieur Louis Jalenques, le distingué avocat du barreau de Clermont-Ferrand, et gendre de Madame de Murat, de Menet, nous ayant présenté à l'archiviste du Puy-de-Dôme, ce dernier, qui jouit à bon droit de la réputation d'un homme érudit,

(1) Vêtement blanc des prêtres quand ils disent la messe et qui couvre entièrement le corps.

pour lequel les vieux papiers n'ont pas de secrets, nous déclara que ce cas devait être même très fréquent pour les prêtres réfractaires condamnés à mort.

Les gendarmes, exerçant alors le plus souvent les fonctions de juges et de bourreaux tout à la fois, comme nous l'avons vu pour l'abbé Filiol, à Mauriac, se montraient *très indulgents* sur ce point. Ils espéraient que le prêtre, ainsi revêtu de ce costume dont le port était alors interdit en France, provoquerait plus facilement les railleries de la vile populace. Comme on le voit, la prétendue indulgence des sinistres Jacobins de l'époque n'était rien moins que charitable; c'était plutôt un raffinement de cruauté.

Nous pourrions citer de nombreux exemples à l'appui de ce que nous avançons. Qu'il nous suffise d'en prendre un, tout près de nous, celui du pauvre abbé Meallet de Faulat, prévôt de Montsalvy. Les prêtres insermentés, au nombre de plus de 400, dans le seul diocèse de Saint-Flour, affluaient dans les gorges du Don et de Saint-Projet, trouvant là un refuge d'autant plus assuré que les habitants de ces contrées, saisis d'un frisson de rebellion, criaient d'une crête à l'autre, par-dessus les abîmes, quand ils voyaient apparaître un gendarme, comme nos bergers crient à l'approche du loup. Grâce à ce dévouement de nos braves montagnards, eux aussi quelque peu réfractaires aux idées révolutionnaires, la plupart des ecclésiastiques traversèrent sans trop d'encombre la période aiguë de la persécution et purent plus tard reprendre paisiblement leur saint ministère (1).

Mais l'abbé de Meallet, ayant cru trop vite à l'apaisement des esprits après la chute de Robespierre, survenue le 9 thermidor ou 27 juillet 1794, fut pris un jour dans l'exercice de ses fonctions et aussitôt condamné à mort par le tribunal de Figeac, conformément au dernier décret de la Convention paru le 18 mars 1793, et punissant de mort tout prêtre insermenté pris sur le territoire de la République. Et nous savons que le vaillant prévôt de Montsalvy, tout comme l'abbé Filiol, obtint de marcher au supplice, revêtu des ornements sacerdotaux (2).

Et la chasuble de l'abbé Filiol, se demandera-t-on peut-être ?... Nous avons trouvé à Bouval, parmi les objets mentionnés plus haut, une vieille doublure de chasuble, en toile blanche très grossière, et sur laquelle on remarque également quelques taches de sang. Mais nous ne pouvons rien en conclure, n'ayant pour cela aucune preuve. On sait toutefois que les bourreaux toléraient plus difficilement le port de cet orne-

(1) Telles étaient aussi les dispositions des chrétiennes populations de Quézac, de Cayrols, de Boisset, etc. Dans cette dernière paroisse, M. Dommergue, curé constitutionnel, ayant voulu s'imposer à la commune, fut blessé mortellement d'un coup de fusil, le 25 décembre 1791, à minuit, pendant qu'il était à l'autel.

(2) Voir l'intéressant feuilleton du *Moniteur du Cantal*, du 17 mars 1900, intitulé : *La Châtaigneraie, les Bruyères roses et les Ravins gris*, par le vicomte de Miramon-Fargues.

ment, par crainte qu'il ne gênât le bon fonctionnement du fatal couperet (1).

(1) La chasuble est un ornement d'ordinaire assez raide, que le prêtre met par-dessus l'aube pour célébrer la sainte messe.

A MIDI

Au Petit Séminaire de Pleaux

Il était une heure et demie quand se termina cette pieuse visite aux reliques du martyr. Profondément émue, mais fortifiée et enthousiaste, la foule s'écoula un peu dans toutes les directions. Pendant que les Evêques, les prêtres et bon nombre de laïques se rendaient au petit séminaire, à travers un arc de triomphe imposant et magnifique, et qui s'ouvrait sur la large route de Mauriac à Pleaux, nous remontâmes rapidement au puy de Bouval dire un dernier au revoir au jeune héros de la fête.

Plus de cent personnes, venues des départements voisins, étaient déjà installées sur le gazon, pour un dîner tardif mais bien gagné. Quelques rares assiettes blanches qui font tache, des paniers, couvercle béant, des verres épais comme ceux que l'on voit sur les comptoirs de marchands de vin, des mouchoirs en guise de serviettes, des châles et des vestes pendus aux branches de l'arbre ou aux charrettes, les femmes en tenue un peu négligée, les hommes en bras de chemise, des buvetiers, des marchands forains, accourus en très grand nombre, venant vous offrir qui une boisson quelconque, qui un chapelet ou une photographie du monument... Bref ! ce coup d'œil, lui aussi, avait bien son cachet et en valait surtout bien d'autres...

Et là-bas, à deux ou trois cents mètres environ, dans le village en liesse, une épaisse fumée se dégage... Dans toutes les maisons, même les plus pauvres, c'est une véritable fête ; partout la table est mise et pourra tout à l'heure s'y asseoir qui voudra. L'image vénérée de l'abbé Filiol, occupant désormais la place d'honneur dans toutes les familles, présidera ces agapes fraternelles.

L'auteur de ces lignes garde une reconnaissance émue à l'honorable famille qui voulut avoir pour convive sa pauvre mère, bien heureuse ce jour-là, et que Dieu appelait à lui quelques mois après, alors qu'elle avait encore en mémoire, comme une douce vision, la *grande journée* de Bouval...

Et maintenant, honneur à toi, ô glorieuse colline qui domines en grande partie la terre cantalienne ! Salut, ô sentiers bénis, que j'ai gravis tant de fois, le long desquels cheminait jadis le petit pâtre de neuf ans, portant déjà devant Dieu l'auréole du martyre, parce que son cœur en contenait le vœu et que l'avenir lui en destinait la réalisation ! Ah ! couvrez-vous bien vite de blanches pâquerettes, de roses veloutées, de fleurs pures et odorantes, que le pieux visiteur viendra cueillir avec amour ! Soyez pour le jeune héros, pour le glorieux enfant de Bouval, comme un printemps perpétuel !

Oui, désormais, vos fleurs seront plus belles,

votre verdure plus tendre, votre aspect plus riant ! A vos brises du printemps se mêleront des senteurs plus exquises, je veux dire les parfums des bons désirs, les émanations de la sainteté, les célestes ardeurs de la grâce divine. Salut, ô colline privilégiée ! Il faut enfin que je m'éloigne de toi ; mais non sans te laisser un peu de ma vie et le meilleur de mon âme. Pour te chanter dignement, il me faudrait — je le sens à cette heure — une plume de poète que je n'ai pas, et une autorité qui me manque...

A deux heures seulement, Nosseigneurs les évêques de Saint-Flour et de Verdun, les membres du clergé, plusieurs notabilités du canton de Pleaux, en tout 98 personnes, se trouvaient réunis au petit séminaire, autour d'une table de longue date hospitalière et servie, ce jour-là, par l'hôtel Bastide dont la réputation n'est plus à faire.

Pour les recevoir, le vieux réfectoire avait ajouté à sa gaieté naturelle. M. l'abbé Chalvignac, un des professeurs les plus anciens et les plus appréciés de l'établissement, était passé par la avec sa fine baguette de décorateur. D'un avis unanime, les choses avaient été faites avec un goût parfait. Une végétation imprévue, dit la *Croix du Cantal*, grimpait aux colonnes. Le long des murs, pavoisés de riches oriflammes, de drapeaux, d'écussons, de tentures, couraient des festons et des guirlandes. Des couronnes de verdure descendaient du haut plafond. Une impression de fraîcheur et de joie se dégageait de l'ensemble, et c'était comme un enchantement qu'on éprouvait à soulever les riches portières tombant à plis lourds sur le seuil de l'antique et splendide salle...

Du lierre en quantité s'enroulait aux colonnes, dit avec beaucoup d'à-propos le correspondant du *Moniteur*, comme si cette chère Maison de Pleaux avait voulu arborer l'emblème qui peint le mieux le sentiment qu'elle inspire à tous ses élèves : le sentiment d'une inébranlable fidélité de leurs anciens maîtres dans l'affectueux respect et l'amour de toutes les nobles et saintes causes !

De Maistre a dit que « la table est l'entremetteuse de l'amitié ». Disons en effet que ces agapes fraternelles furent vraiment empreintes de franche cordialité et de délicieux abandon. Les langues allaient bon train et les fourchettes encore mieux. On devisait gaiement avec ses voisins de droite et de gauche. La touchante cérémonie du matin, l'imposant spectacle de la foule accourue de tous côtés pour glorifier un prêtre martyr, l'horrible cachette de Bouval, et puis les bonnes et lointaines années du séminaire, tous les chers souvenirs du temps jadis faisaient l'objet de joyeux propos. Et déjà le tardif déjeuner touchait à sa fin. L'estomac avait son compte sans doute ; mais il manquait au cœur les douces expansions de la reconnaissance et de l'amitié.

Voici que Monseigneur l'évêque de Saint-Flour se lève, et le silence se fait aussitôt dans toute la salle. L'auditoire est tout yeux et tout oreilles, désireux d'entendre le bien-aimé Prélat. Nous regrettons vivement, et nos lecteurs le regretteront autant que nous, de ne pouvoir donner ici qu'une bien pâle analyse de cette magnifique improvisation. Mais comment se procurer le texte puisque, sans aucun doute, il n'a jamais existé ?

Avec beaucoup de tact et de délicatesse et un rare bonheur d'expressions, Monseigneur Lamouroux remercie son « illustre Frère de Verdun » d'avoir bien voulu rehausser cette solennité par sa présence et sa magistrale parole... Il le félicite et se félicite lui-même de voir que si Monseigneur Pagis « appartient à l'Eglise par son caractère épiscopal, à la France par son éloquence et son patriotisme, il appartient aussi au diocèse de Saint-Flour par son berceau, qu'il aime tant... » Vous venez de consacrer un évêque auxiliaire, ajoute sa Grandeur : Dieu fasse que ce soit pour vous en servir le moins possible !..

Des paroles si aimables provoquent un tonnerre d'applaudissements. Monseigneur de Verdun, ainsi mis en cause, se lève à son tour et parle d'or, malgré sa trop grande fatigue. Il remercie « son Frère de Saint-Flour » d'une amitié qui « l'honore, le touche profondément, et qu'il veut garder jusqu'au tombeau. » Il dit le bonheur qu'il éprouve à se retrouver dans son cher petit séminaire de Pleaux qui abrita son enfance et sa jeunesse sacerdotale, sur cette terre d'Auvergne si aimée de son cœur et que chante si magistralement le « Mistral » arverne, M. Vermenouze... Ces paroles sont couvertes, elles aussi, par des bravos unanimes auxquels Monseigneur Lamouroux s'associe de tout cœur.

A ce moment, une agréable surprise nous était réservée. Monsieur le chanoine Cailhat, l'auteur de *Rome nouvelle*, aumônier du lycée de Montauban, et avantageusement connu à Pleaux, où il prêcha une retraite en 1880, veut bien nous lire les *Impressions d'un Auvergnat de passage*, une très heureuse improvisation rimée, et combien spirituelle, à la fois grave et humoristique. C'est dit dans une forme bien française, alerte, souple, toute palpitante de vie, avec une observation attachante et le sens aigu du pittoresque. C'est de la fantaisie aimable, mêlée à un grain de philosophie plaisante. Monseigneur Cailhat, on le voit, est artiste de lettres. De l'esprit et de l'émotion douce, à pleines mains, voilà ce que l'on trouvera dans ces *Impressions*, saines et délicates, que nous sommes heureux de mettre sous les yeux de nos lecteurs :

Impressions d'un Auvergnat de passage

Vos montagnes, messieurs, m'ont paru merveilleuses,
Leurs bois mystérieux et leurs cîmes neigeuses,
Leurs chemins embaumés, leurs torrents babillards
Ont enchanté mon âme et charmé mes regards.
Rarement j'ai trouvé plus grande la nature
Et j'ai senti que Dieu mit là sa signature,
Là, l'artiste suprême a fait son grand tableau...
Là, j'ai vu les fureurs de son puissant pinceau

Et les chaudes couleurs de sa riche palette!
Là surtout, j'ai compris le Créateur poète,
Qui sait harmoniser la neige avec les fleurs,
Comme nous le faisons pour le rire et les pleurs!
Comme il a, dans tous sens, semé la fantaisie
De son inimitable et sainte poésie!
A côté des sommets, nimbés par les hivers,
Que sont, hélas! nos chants, et que disent nos vers?
Que disent, à côté des cascades, nos rimes,
Même quand elles sont sonores ou sublimes?
Nous les faisons tomber dans un rythme charmant,
Nous savons leur donner un doux susurrement,
Une cadence heureuse... Oui, mais quel charme ont-elles,
Quel prestige est le leur, devant vos cascatelles?
Il n'est qu'un seul poète... Avouons-le, c'est Dieu!
Tel, certe, il s'est montré quand il fit le ciel bleu
Criblé d'astres errants, d'étoiles, de comètes,
La mer avec son pleur, son courroux, ses tempêtes...
Mais sa gloire, ce semble, éclata, quand sa main
Préparant ici-bas notre grand drame humain,
Et traçant notre scène au cœur de nos campagnes
Leur donna pour décor la chaîne des montagnes.

Or, ce qui parmi vous charme le plus mon cœur,
Ce qui l'a remué dans un élan vainqueur,
C'est le héros-martyr, votre orgueil, votre gloire,
Dont trois lyres là-haut ont chanté la victoire,
De sa bouche de fer, il s'échappe une voix:
« Pour le salut du monde il fallut une croix
Et Dieu ne change rien aux lois qu'il donne aux hommes.
On voudrait sans souffrance, à l'époque où nous sommes,
Atteindre l'empyrée, arriver au bonheur,
Impossible!... » *L'abbé Filiol* aura l'honneur
Dans son verbe d'airain, du haut de la colline,
De répéter ce brin de vérité divine!
Qu'il le dise aux vieillards, qu'il le dise aux enfants!
Que les enfants de Pleaux, dans leurs chants triomphants,
Le disent à leur tour aux échos du diocèse!
Lorsque l'on doit servir l'Eglise et Léon XIII

Qu'on soit prêtre ou prélat, il faut savoir souffrir !
Les martyrs de bonne heure apprennent à mourir,
Les fronts auréolés ont toujours des épines...
Le laurier volontiers pousse dans les ruines...
De la douleur, messieurs, l'homme est un apprenti,
Il l'apprend d'autant mieux qu'il est né moins petit.

Mais baissons notre ton, descendons du Calvaire...
Bouval n'est pas bien grand mais il *boit dans son verre*,
Et qu'y boit-il, Messieurs ? De la gloire à longs traits,
De celle que le Ciel consacre à tout jamais.
Pleaux n'est pas grand non plus ; mais certes on peut bien dire
Qu'il a son verre aussi dans lequel on s'inspire
Pour trouver le chemin de la célébrité !

Monseigneur de Verdun, c'est ici, qu'abrité,
Comme un enfant de chœur, sous les ailes de Dieu,
Vous avez su grandir pour l'honneur du saint lieu.
Ce petit séminaire est *un semeur de mitres*,
Il sème des doyens, il sème des chapitres
Monseigneur de Saint-Flour, quelle gloire pour vous !
C'est à rendre vraiment vos confrères jaloux !
Je crois que lorsque Dieu fait une âme auvergnate,
Il s'y prend à deux fois, et la fait d'une pâte
Qui n'a rien de commun avec celles d'ailleurs ?
J'ignore... mais si Dieu me laissait jamais maître
De reprendre ma vie, en un mot, de renaître,
Je lui demanderais bien sûr qu'il me donnât
Un esprit de Gascon, mais un cœur d'Auvergnat !

Après un si poétique langage, nos cœurs, comme d'instinct, allèrent tous au Mistral auvergnat, M. Vermenouze. La plupart n'avaient entendu que très imparfaitement son magnifique *Chant de Bouval*, à cause du brouhaha de la foule. A la demande générale, et non sans provoquer liesse et ébaudissement sur toute la ligne, M. Vermenouze voulut bien le redire avec l'entrain, l'humour, la verve que l'on sait. Il y ajouta même une de ses meilleures poésies patoises qui fut souvent soulignée de : Bravo, capiscol !...

Ici, se place un petit incident que nous ne relaterions pas si — volontairement ou non — il n'avait été par trop dénaturé. Un témoin, qui pouvait bien nous entendre puisqu'il était notre voisin de table, nous prêta alors des sentiments que nous n'avions pas, mais qu'à notre place il eût éprouvés et manifestés peut-être, ainsi que des expressions que nous n'avons pas employées et contre lesquelles nous protestons, sans plus insister. En deux mots, voici :

La poésie de M. Vermenouze, où se dessinait surtout la grande figure de l'abbé Filiol, le seul héros du jour, nous avait visiblement ému. Nos lecteurs comprendront assurément cette émotion bien légitime, en même temps que bien justifiée... Nous voulûmes sur le champ en témoigner toute notre satisfaction à l'aimable auteur. Nous n'avions pas qualité pour faire un discours, surtout après les orateurs que l'on venait d'entendre. Nous détachâmes une feuille de *lierre*, de la colonne qui se trouvait en face de nous, et la tendîmes au poète cantalien qui voulut bien aussitôt en fleurir sa boutonnière. Et nous fîmes suivre la symbolique feuille de ces quelques mots, prononcés à haute et intelligible voix

« Selon moi, M. Vermenouze, vous venez de

nous donner la note exacte de la fête de ce jour; toutes mes félicitations, et merci! » Rien de plus, rien de moins...

LE SOIR

Illumination et Feu d'artifice

Les poésies humoristiques de MM. Cailhat et Vermenouze avaient mis en liesse la salle tout entière. L'auditoire eût désiré sans doute applaudir encore quelques orateurs. Les noms de M. Delmont, le distingué professeur que l'on connaît, et de M. Courchinoux, le vaillant directeur de la *Croix*, furent prononcés à plusieurs reprises. Mais la modestie de ces messieurs les fit rester sourds à toutes les instances de l'amitié.

Il était trois heures et demie bien sonnées. Nos Seigneurs les évêques levèrent alors la séance. C'était la fin de ces agapes fraternelles, dont nous tenons à remercier M. Mauriac, alors supérieur du petit séminaire, et tous ceux connus ou inconnus, qui avaient bien voulu prêter leur précieux concours.

Voici comment s'exprime le correspondant anonyme du *Moniteur du Cantal*, dont le nom est en ce moment au bout de ma plume et que bon nombre de lecteurs reconnaîtront sans peine :

« La fête est finie, se dit-on à Pleaux, à Barriac, à Chaussenac.

« Mais non, répondent à l'envi les enfants, les jeunes gens, les femmes. Il faut aller voir l'embrasement de la statue, le feu d'artifice que M. l'abbé Romain Bastide fait tirer à Bouval !

« Mais il pleut et il va pleuvoir plus fort ?

« Qu'importe ? nous verrons bien, d'ailleurs. Et une foule animée, joyeuse, se presse partout où l'on peut voir le mamelon.

« Le socle de la statue de l'abbé Filiol est rayonnant. Des feux de bengale projettent au loin leurs lueurs bleues et rouges. Des fusées jettent dans le ciel leurs pluies d'étoiles tombantes, et des soleils leurs gerbes d'or.

« Une croix radieuse se dresse devant le tilleul, comme pour dire au loin que, si c'est à la Croix que s'est attaché en mourant le héros dont on vient de célébrer la gloire, c'est à la Croix, qui ne trompe jamais ceux qui s'attachent à elle, que doivent revenir, en ce monde comme dans l'autre, les triomphes décisifs et les victoires définitives.

« Vive donc l'héroïque réfractaire, dont la statue se dressera désormais dans l'azur et la lumière du ciel comme un idéal sublime et divin !

« Le peuple accouru à Bouval disait bien haut: « Cest la fête des prêtres ! »

« Oui, des prêtres inébranlables dans leurs convictions, des prêtres fidèles, à la vie, à la mort !... »

Pendant toutes la journée, nous avions bénéficié d'un soleil magnifique ; mais, à la tombée de la nuit, le ciel se déchirait, un ciel où se tramaient depuis quelques heures de menaçantes nuées. Une averse éclatait tout à coup et allait compromettre une illumination qui, sans cela, eût été aussi belle que possible. Et néanmoins, jusqu'à une heure avancée, les fusées semèrent le ciel noir d'une lueur multicolore, chacun redisait le *gloria victis* et la belle parole de saint Cyprien : « Le prêtre du Christ peut être mis à mort et devenir victime, il ne saurait être vaincu. » (1)

S'il pleuvait à Bouval, dit enfin M. Courchinoux avec raison, il ne pleuvait pas, il ne faisait pas noir dans les âmes. Un grand enthousiasme s'y allumait, une grande joie y tirait de merveilleuses fusées, y éclatait en un feu d'artifice que la bruine des ennuis quotidiens ne fera pas oublier de longtemps.

(1) Voir la *Semaine catholique* du 26 août 1896.

SOUS MON GRAND CHÊNE

Nous avons dit ailleurs que plusieurs comptes rendus de la fête de Bouval, nous ayant été adressés directement, n'avaient pas été livrés à la publicité. A notre grand regret, nous ne pouvons les reproduire tous ici, ne voulant pas donner à ce travail de trop grandes proportions.

Dans une forme originale et en un style quelque peu oriental, voici en partie ce que nous adressait du Limousin une admiratrice de l'œuvre, avec l'épigraphe qui suit :

Sous mon grand chêne

« Un soir d'été, assise au pied de mon grand chêne, me reposant des fatigues du jour, je me pris à rêver doucement, comme on sait rêver sous son ombre...

« Je voyais mon grand chêne s'agiter tout à coup, comme saisi d'une émotion étrange.

« Un peu troublée, j'approchai néanmoins tout près du vieil ami de mon enfance, et mes lèvres caressant sa rude écorce, je l'interrogeai timidement :

« Dis-moi, qu'as-tu, ô mon grand chêne ? Est-ce la douleur ou la joie qui agite si fortement ton être colossal jusque dans ses profondes racines ? Je t'en conjure, réponds-moi.

« Alors, du cœur de son tronc séculaire, une

voix sonore et puissante s'éleva dans les airs, et j'entendis ces mots vibrants sous la feuillée :

« Réjouis-toi, terre d'Auvergne, réjouis-toi, village privilégié et toi aussi, maison bénie qui as été le berceau d'un martyr ; réjouis-toi, ami et compagnon de mes jeunes années, tilleul comme moi séculaire, qui as grandi sur un sommet désert. Oh ! oui, réjouis-toi, car l'heure du triomphe a sonné. »

« Retenant mon haleine, j'écoutais, tout émue, cet étrange langage. Que se passe-t-il donc par-delà nos montagnes ?... Un triomphe ?

« La voix reprit : — A l'appel du Seigneur, un homme s'est levé, et sa parole ardente a rallumé dans le cœur des Arvernes une flamme sacrée. Je vois les Princes de l'Eglise, entourés de prêtres et de lévites, gravir une montagne que désormais on appellera sainte. Une foule joyeuse les suit et les précède. J'entends la voix des cuivres retentissants mêlée aux chants des cantiques sacrés... J'entends des acclamations... Oh ! gloire à toi, Enfant de la vallée, je me sens rajeunir en te voyant revivre.

« Pourquoi, Dieu Tout-Puissant, laisser un siècle entier peser sur sa mémoire ? Est-ce parce que toute chose ici-bas doit venir à son heure, ou bien, jusqu'à ce jour, n'aurais-tu pas trouvé une voix assez pure pour chanter ton prêtre martyr ?... Oh ! tu l'as bien choisi ton chantre magnanime !...

« Un chantre choisi par le Seigneur, murmurai-je tout bas, quel est l'heureux mortel ?

« Tu le connais, interrompit la voix : va, dis-lui que je l'aime à cause de celui qu'il réhabilite en ce jour. Pars, monte au sommet du Mont-Bouval, porte mon souvenir à ceux que j'ai aimés plus que toute chose ici-bas. Mais auparavant écoute, amie fidèle, toi qui, chaque jour, viens charmer mon isolement par tes douces et pieuses chansons, approche, je veux te confier l'histoire de ma vie :

« Je vis le jour dans une des forêts que baigne la Maronne ; j'y grandis à l'ombre des grands arbres, bercé par la brise embaumée et endormi par le doux murmure des flots. Dans cette solitude, rien ne manquait à mon bonheur, car la Providence, toujours si maternelle, avait fait croître près de moi un charmant arbrisseau avec lequel, de bonne heure, je me liai d'une étroite amitié. C'était un jeune tilleul, au feuillage vert pâle, qui essayait à peine de produire des fleurs. Le premier, je les admirai et en respirai le suave parfum ; le premier, j'en fus émaillé quand la saison l'en dépouilla ; le premier aussi je le consolai de la perte de sa parure. Il s'attacha à moi, comme je m'attachai à lui, et désormais il me voua affection pour la vie...

« Heureux, nous grandissions ainsi côte à côte, vivant d'amour, de soleil et d'air pur, sans cesse réjouis par les trilles joyeux des chantres du désert, lorsqu'un jour l'aquilon nous porta une rumeur étrange et la brise du soir une âcre odeur de sang fraîchement répandu. Des blasphèmes, mêlés aux cris de mort, se croisaient dans l'espace ; des rugissements de bêtes fauves sortaient des poitrines humaines, faisant tressaillir sur leur vieux tronc les vétérans de la forêt. Les petits oiseaux affolés se blotissaient dans le creux des rochers ou sous les lichens des grands chênes, faisant entendre un cri d'angoisse. C'était le règne de la Terreur.

« Immobiles et glacés d'effroi, nous étions là, appuyés l'un sur l'autre, n'osant nous confier nos tristes pressentiments. La nuit venait, nuit sombre et mystérieuse, dont les rares étoiles semblaient voilées de pleurs. A leur faible lumière, nous vîmes une ombre se dessiner sous la ramure, s'avancer lentement, puis s'affaisser à nos pieds comme vaincue par la fatigue et par la souffrance.

« Le jour nous fit voir un jeune homme à la figure pâle et amaigrie, plongé dans un profond sommeil. Les premiers rayons du soleil, illuminant ses cheveux blonds, semblaient lui faire une auréole. C'était un malheureux proscrit fuyant les hommes devenus plus dangereux pour lui que les animaux de la forêt. Prêtre du Seigneur, il fuyait pour ne pas trahir son serment et rester fidèle à son Dieu.

« De longs mois il vécut ainsi, errant dans les bois, cherchant les grottes profondes pour y prier et célébrer les saints mystères. Mais quand venait le soir, c'était toujours sous l'abri de notre feuillage qu'il venait goûter les douceurs du sommeil.

« Enlaçant doucement nos branches et courbant vers lui nos tailles encore flexibles, nous lui faisions alors une tente de fleurs et de verdure, pour le protéger contre la fraîcheur de la nuit.

« A son réveil, nous étions tout heureux de son sourire reconnaissant. Mais une nuit — nuit à jamais néfaste — la forêt s'éclaira soudain d'une lueur blafarde et les échos répétèrent encore des blasphèmes et des cris de mort : les assassins recherchaient leur victime !...

« Agitant sur son front nos branches mouillées de pleurs, nous le réveillâmes en sursaut. Prompt comme l'éclair, il se cacha dans le creux d'un rocher qui surplombait au dessus de nos têtes et nous, redressant vivement nos tiges enlacées, nous en dissimulâmes totalement l'entrée.

« Des hommes à l'œil aviné, à la face patibulaire, passèrent alors près de nous, flairant leur proie, fouillant à la lueur de leurs torches, les coins les plus déserts ; seul, le creux du rocher masqué par nos branches échappa à leur regard.

« Déçus dans leurs espérances, ils reprirent furieux le chemin de la ville.

« Quittant aussitôt son abri protecteur, le jeune prêtre leva les yeux au ciel, puis, étendant la main sur nous :

« Soyez bénis, nous dit-il, jeunes arbrisseaux à qui je dois la vie ; en récompense de votre charité, le Seigneur vous promet de longs jours sur la terre. Vous y vivrez entourés du respect des générations à venir. Jamais la hâche meurtrière ne s'abattra sur votre tronc, ni la foudre du ciel ne frappera vos têtes. Elles s'élèveront nobles et majestueuses, dominant le sommet des monts. Sous votre ombrage bienfaisant, la jeunesse prendra ses innocents ébats, tandis que le laboureur viendra s'y reposer des fatigues du jour. Le vieillard, accablé par les ans, viendra lui aussi s'appuyer tout heureux contre votre tronc invulnérable et là, il se sentira rajeuni, en rêvant des beaux jours enfuis... Comme je vous bénis, tous ici-bas vous béniront. Adieu ; je dois vous quitter pour chercher ailleurs un abri plus sûr ou peut-être... une mort certaine ». Et il partit, en essuyant une larme furtive...

« Hélas ! Il disait vrai, le malheureux proscrit : sa mort ne fut pas éloignée ; comme une fleur à peine éclose que le jardinier sépare de la tige, sa tête tomba peu à près sous la main du bourreau et son sang virginal arrosa une terre demeurée bien longtemps ingrate.

« Quelques jours après, le bûcheron élaguait sans pitié nos jeunes branches pour nous arracher, nous aussi, à la terre natale. Un de tes aïeux me transplanta ici au bord de ce jardin solitaire, tandis que mon compagnon du désert était dirigé vers les hauteurs du Mont-Bouval.

« Oh ! que son sort me fait envie à cette heure ! Après avoir vu se dresser à ses pieds la statue du héros martyr, il jouit aujourd'hui de la gloire de son triomphe, qui le faisant revivre à travers les siècles, le rapproche de lui pour toujours.

« Et moi, malheureux exilé, je n'entends que de loin l'écho de ce triomphe et n'ai pour consoler ma vie que tes sourires et tes chansons.

« Le grand chêne, à ces mots, laissa tomber sur mon front quelques gouttes d'eau, pareilles à des larmes brûlantes.

« Je me réveillai en sursaut, trempée par une de ces pluies d'orage qui succèdent aux fortes chaleurs ; mais ce rêve, prenant à mes yeux toutes les forces de la réalité, je me dirigeai le lendemain vers cette montagne inconnue que je venais de voir en songe.

« Une foule joyeuse accourait de toutes parts, escaladant les rochers, gravissant les sentiers les plus abrupts, car chacun, voulant arriver des premiers, s'empressait par les plus courts chemins.

« J'arrivai, moi aussi, après de longues heures de marche, au sommet du mamelon d'où la vue découvre d'un côté les monts d'Auvergne et de l'autre un horizon sans fin. Je vis en effet se dresser, non loin d'un tilleul gigantesque, une colonne de granit surmontée d'une statue qui me parut très élevée. Drappée d'une étoffe précieuse, elle n'attendait que la bénédiction pontificale pour se montrer à nous dans toute sa beauté.

« Des chants, s'élevant tout à coup du fond de la vallée, nous annoncèrent l'arrivée des vrais pèlerins qui, suivis par deux évêques, par plusieurs dignitaires de l'Eglise et un clergé nombreux, gravissaient, le front joyeux, les pénibles sentiers de la montagne.

« A l'ombre du tilleul s'élevait un autel gracieusement décoré de fleurs et de verdures, dans lesquelles s'enroulaient de blanches banderolles portant des inscriptions touchantes : *Potius mori quam fœdari*, disait l'une d'elles. Je traduisis ainsi : Plutôt mourir que me souiller. C'était là la fière et sublime devise du héros dont chacun en ce jour célébrait le triomphe. Pourquoi ne serait-elle pas la devise de chacun de nous ?..

« Des discours furent prononcés, tous à la louange du héros martyr et de son chantre magnanime, pour parler comme mon grand chêne. Celui-là essayait en vain de se perdre dans la foule, se dérobant aux félicitations et cédant généreusement à d'autres tout l'honneur de cette journée ; mais quand les acclamations éclatèrent de toutes parts, son nom fut associé à celui des évêques, de la France, de Léon XIII et du saint abbé Filiol. C'était justice...

« La messe commença au chant des cantiques qu'accompagnait une fanfare des mieux composées. Tous les fronts étaient pieusement inclinés et l'on priait en silence. Sur cette montagne bénie, où pour la première fois s'immolait la Sainte Victime, au pied de l'image vénérée du saint prêtre dont l'âme planait sur nous, n'étions-nous pas tout près du ciel ?...

« La messe terminée, un auvergnat de grand talent, dont la parole éloquente est connue de la France entière, Monseigneur Pagis, nous adresse une de ces vibrantes allocutions dont il a le secret. Les échos durent répéter les applaudissements de la foule.

« C'était l'heure de la bénédiction solennelle de la statue. Au moment où les évêques s'avançaient, le voile qui la recouvrait tomba tout à coup et laissa voir à nos yeux ravis une statue magnifique, le regard tourné en haut, le visage comme éclairé d'un céleste sourire. Une de ses mains pressait la croix sur sa poitrine, tandis que l'autre nous montrait le ciel.

« C'est ainsi que tu apparus aux regards d'une foule homicide, ô Filiol, vénéré martyr! C'est en montrant le ciel que tu quittas la terre!....

« Que ta glorieuse mort nous préserve de toute défaillance, qu'elle nous obtienne de vivre sans souillures, afin que nous puissions à notre heure dernière, ainsi que toi, fixer avec amour le ciel!

« La foule prosternée reçut ensuite la bénédiction des Pontifes et au chant du *Te Deum* on se rendit processionnellement à la demeure du martyr.

« A la suite des évêques, chacun de nous pénétra dans l'antique maison qui avait abrité l'enfance du jeune héros. Nous avons vu l'étroite cachette pratiquée dans le sol humide, affreux tombeau dans lequel il s'ensevelissait vivant. C'est tout près de là que, trahi par une femme, il fut lié et garrotté comme le divin Maître.

« Nous avons vu et touché de nos mains le crucifix trouvé appendu à un mur du noir cachot, ainsi que celui qu'il portait toujours sur lui et qu'il baisa au moment du supplice.

« Nous avons vu ses livres, ses lettres, ainsi qu'un portrait sur ivoire, précieuse relique, qui a permis de reproduire ses traits dans le bronze, avec la plus exacte fidélité. Nous avons vu sa montre qu'il donna à un de ses bourreaux et qui, dit-on, a obtenu déjà, par son pieux contact, plusieurs guérisons merveilleuses. Tout à côté, on remarquait un calice d'étain, une clochette et quelques ornements sacrés. Mais ce qui a saisi nos cœurs de la plus religieuse émotion, c'est une aube, arrosée de son sang, et qu'il portait sur lui, nous dit son biographe, quand il marcha à l'échafaud. Les yeux mouillés de larmes, je baisai avec un saint respect cette précieuse relique..............................

« A la tombée de la nuit, la montagne s'embrasa soudain sous les feux d'une illumination vraiment féerique. Les pièces d'artifice envoyaient bien haut dans l'espace leurs joyeuses fusées. On eût dit la fête de la terre voulant prendre sa part de la fête du ciel !...

« Chacun se retira, le cœur inondé de la joie la plus pure, en bénissant celui à qui, après Dieu, nous devions le bonheur de cette incomparable journée. » (1)

(1) Nous avons entendu faire plusieurs fois, sans avoir jamais osé le reproduire nous-même, *l'historique* plein de poésie que l'on vient de lire, sur le légendaire tilleul de

UNE PRÉCIEUSE RELIQUE

Nous avons parlé en détail, dans la notice biographique, de divers objets ayant appartenu à l'abbé Filiol et que l'on conserve précieusement à Bouval et ailleurs.

Dans le cours de nos dernières recherches aux archives de Clermont, nous avons été assez heureux pour découvrir des fragments importants d'un sermon de première communion, prêché par le saint abbé, dans l'église de Mauriac, quelques jours après son ordination sacerdotale.

C'était au mois d'avril de l'an 1789, alors que le futur martyr venait d'entrer comme précepteur dans la famille Ternat-Lapleaux, de Mauriac, afin de procurer quelques secours pécuniaires à son pauvre père déjà infirme, ainsi qu'à ses nombreux frères et sœurs (1). Ce fut sans doute à l'occasion de la première communion du fils Ternat, son jeune élève.

Le pieux lecteur, en parcourant ces pages

Bouval. Cet arbre en effet, il y a quelque cent ans, aurait été arraché dans une forêt voisine où se cachait souvent l'abbé Filiol et transplanté au sommet du puy de Bouval. Si ce récit n'est pas véridique, il est au moins très vraisemblable.

(1) Restaient encore dix enfants, dont sept garçons et trois filles.

écrites au lendemain de l'ordination à la prêtrise (1), apprendra mieux à connaître et surtout à aimer l'âme de François Filiol dont le front rayonnait déjà de l'auréole du martyre. Il y trouvera cette onction que savent y méttre les saints, onction sacrée, qui pénètre doucement le cœur, l'attendrit et le porte peu à peu à la piété. Il ne s'étonnera plus ensuite qu'une âme sacerdotale, si fortement imprégnée de la grâce divine, ait été capable de ces saintes audaces qui devaient la pousser bientôt après jusqu'aux vertus héroïques. Des natures, de la trempe de celle de l'abbé Filiol, ne savent point transiger avec leur conscience et ne connaissent qu'une chose : *le devoir*.

Nous eussions désiré faire autographier cette pieuse allocution du futur martyr, comme nous l'avons fait pour une de ses lettres qu'il adressa de sa prison de Mauriac à la municipalité de Pleaux, quelques heures avant de marcher au supplice (2). Cela n'a pas été possible, à cause des nombreuses ratures et des renvois qu'elle contient.

Voici, sans rien y changer, avec le style et l'orthographe de l'époque, cette précieuse relique de l'esprit et du cœur de notre jeune héros :

(1) Le jeune abbé avait été ordonné prêtre le 26 mars de la même année.

(2) Voir la page 175 de l'*Abbé Filiol* (2e édition). Malheureusement, par suite d'une distraction du prote, plus de la moitié de cette lettre fut laissée sur le marbre. On en trouvera le texte intégral à la page précédente.

SERMON

POUR LA PREMIÈRE COMMUNION DES ENFANS

> *Ecce rex tuus venit tibi mansuetus.*
> Voici votre Roi qui vient à vous plein de douceur.
> « En St Math. 21. »

« *Ce ne sont plus des promesses que nous allons vous faire, mes chers enfans; le moment de jouir de votre Bien-Aimé est enfin arrivé (1). Oui, il est arrivé, ce moment heureux de votre première communion, après lequel vous avez tant soupiré, le moment heureux où vous allez recevoir pour la première fois votre Dieu, votre Roi, votre Sauveur. Vous l'avez désiré depuis longtemps ce moment précienx; mais Jésus-Christ l'a désiré lui-même avec plus d'empressemen que vous. Ah! si vous pouviez lire dans son cœur, quelle ardeur n'y verriez-vous pas de s'unir à vous :* Desiderio desideravi hoc pascha manducare vobiscum. (St Luc XXII-15).

« *Réjouissez-vous donc, mes amis, livrez-vous aux transports de la plus vive allégresse; car à la vue de votre bonheur et des grandes grâces que vous allez recevoir de votre bon Sauveur, tout se réjouit autour de vous. Quelle joie ne fait pas*

(1) *Ces quelques lignes nous permettent de supposer que le nouveau prêtre avait été chargé de prêcher la retraite aux futurs communiantse*

éclater en ce jour dans le ciel la foule inombrable des bienheureux, qui s'unissent à vous pour offrir au Seigneur des hommages et des adorations! Quel empressemen ne montrent pas vos saints anges gardiens qui se préparent à vous conduire eux-mêmes à la sainte table? Quels transports ne voit-on pas dans vos parens, dans la paroisse entière, qui viennent être témoins de cette pieuse cérémonie? Et vos prêtres, quelle satisfaction, quel plaisir n'éprouvent-ils pas, après la peine qu'ils ont prise, en vous voyant participer pour la première fois au corps et au sang de notre Seigneur?

« *Vous le voyez, mes chers petits amis, tout vous invite en ce jour à vous réjouir, tout vous annonce la grandeur de votre bonheur. Et ce n'est pas sans raison, car quelles grâces le bon Jésus va-t-il vous accorder dans la sainte communion? Quels effets va-t-elle produire dans votre âme, si vous la faites avec de saintes dispositions?... Vous le verrez dans mon premier point. Mais quelles dispositions devez-vous y apporter pour la faire dignement et pour recevoir ses salutaires effets? Ce sera le sujet de mon second point : deux réflections importantes que je vous prie d'écouter bien attentivemen.*

« *O mon Dieu! plus ces enfans que leur vénéré Pasteur (1) vous offre aujourd'hui sont chers à son cœur, plus je vous conjure de les bien pénétrer des*

(1) *C'était le pieux Monsieur Ronnat, curé de Mauriac depuis 1767, et que la Révolution devait exiler en Espagne deux ans après, pour mettre à sa place le constitutionnel Bertin, qui fut bientôt chassé à son tour par l'indignation publique.*

grandes vérités que je vais leur annoncer malgré mon insuffisance et mon peu d'autorité. Répandez donc votre grâce et sur mes paroles et sur ces chers enfans. Et vous, Vierge sainte, puissante Reine des Miracles, *patronne de cette antique église et de la vieille cité que si bien vous protégez, intercédez pour ces enfans et pour moi auprès de Jésus-Christ votre fils; nous avons une pleine confiance en vous, ne nous refusez pas vos suffrages.* (1)

Ier POINT. — « *Quelles grâces allez-vous recevoir dans la sainte communion? Quels effets va-t-elle produire dans votre âme, si vous la faites avec de saintes dispositions?...*

« *En communiant dignement, mes chers enfans, vous allez recevoir les grâces les plus précieuses, et vous les recevrez en si grand nombre que je ne puis ici vous parler de toutes, parce que le détail en serait trop long. Mais pour vous inspirer le plus profond respect pour la sainte Eucharistie et vous faire connaître la bonté et la miséricorde infinies de votre aimable Sauveur, il me suffira de vous mettre sous les yeux les trois principaux effets que la communion produit dans une âme bien disposée : elle affermit et augmente en elle la vie de la grâce; elle l'unit à Jésus de la manière la plus intime; elle lui donne le gage de la vie éternelle.*

« *La divine Eucharistie affermit et augmente dans une âme bien disposée la vie de la grâce, la grâce sanctifiante : dans la sainte communion on*

(1) *Cette pieuse invocation à* Notre-Dame des Miracles *et les lignes qui suivent indiquent — à n'en pas douter — que ce discours fut réellement prononcé dans l'église de Mauriac.*

reçoit Jésus-Christ, l'auteur de la grâce, et on le reçoit avec plénitude. Or, quand on le possède, dit saint Ambroise, on ne tarde pas à sentir les heureux effets de sa présance. Ce pain de vie, ce pain mystérieux communique à l'âme, comme au profète Elie, une sainte ardeur dans le désert de ce monde pour arriver à la montagne céleste, au séjour des bienheureux; il la fortifie contre tes attaques du démon, la fait triompher de ses passions, lui fait connaître ses devoirs et lui aide à les remplir dans toute leur étendue. C'est ainsi, mes chers amis, que Jésus-Christ, en se donnant à vous, vous comblera de ses bénédictions, il vous sanctifiera, il affaiblira la violance de vos passions, il vous prêtera son bras pour combattre les tentations et les ennemis de votre salut, et vous en serez victorieux par la puissance de Celui qui d'un seul de ses regards relègue satan dans l'abyme.

« *C'est là une des grâces que Jésus-Christ vous accordera dans la sainte communion que vous allez faire, mais ce n'est pas la seule. Il vous en fera une autre qui n'est pas moins précieuse, c'est qu'il s'unira à vous de la manière la plus intime et la plus étroite. Sa chair deviendra votre chair, son sang coulera dans vos vênes, vous serez tellement transformés en Lui que, selon l'expretion d'un Père de l'Eglise, deux cires fondues ensemble ne sont pas plus unies que vous ne le serez vous-mêmes avec votre Sauveur. Celui qui mange ma chair...* (Ici, manque une page entière, dévorée par le temps; mais on devine la pensée du prédicateur).

« ... *Or, cette union sainte, cette union intime que vous contracterez dans la sainte communion avec un Dieu qui veut bien vous nourrir de son corps et de son sang adorables, sera le gage précieux de l'union éternelle qu'il vous réserve dans son paradis, dans son royaume céleste. Quel prodige, mes enfans! qu'elle merveille! Quoi de plus propre à exciter dans vos jeunes cœurs les plus vifs santimens d'amour et de reconnaissance!*

« *La divine Eucharistie ne borne pas là ses salutaires effets dans ceux qui communient dignement : elle nous donne encore le gage de la vie éternelle; elle sera pour chacun de vous un germe d'immortalité. Car c'est Dieu lui-même qui nous l'enseigne : celui qui mange ma chair et boit mon sang a la vie éternelle et je le ressusciterai au dernier jour :* qui manducat meam carnem... (Saint Jean VI. 55).

« *Vous allez donc faire à la sainte table, avec votre aimable Jésus, une alliance dont il resserrera lui-même les liens; vous lui promettrez de lui être fidèles pour toujours, et il s'engagera lui-même à vous rendre à jamais heureux dans son paradis et à vous faire éternellement régner avec lui dans sa gloire. O mes amis! ne devez-vous pas vous écrier comme le proféte : Seigneur, que vous êtes riche en miséricorde! mon cœur et ma chair tressaillent de joie dans l'espérance de s'unir à vous. Mais, mon Dieu, qui suis-je pour que vous vous souveniez de moi et que vous me visitiez avec tant de magnificance?...*

« *Voilà, mes chers enfans, les effets ineffables*

que la divine Eucharistie va produire dans vos âmes. Vous y recevrez Jésus-Christ, et avec Lui vous y recevrez l'abondance de ses grâces et le gage de la vie éternelle dont il est la source. Que votre bonheur est grand! que ses bienfaits sont merveilleux! Mais, prenez-y bien garde : la sainte communion ne produira en vous ces effets qu'autant que vous y apporterez de saintes dispositions. Or, quelles sont les dispositions nécessaires pour communier dignement? Je vais vous en parler dans mon second point.

IIe Point. — « *Jésus, mes enfants, ne se donne avec toutes ses grâces qu'à l'âme fidèle qui le reçoit avec une* foi vive, *avec un regret* profond *de ses péchés et un* amour ardent *: trois dispositions absolument nécessaires pour faire dignement la sainte communion et qu'il faut un peu vous développer.*

« 1° *Je dis, mes petits amis, qu'il faut que vous approchiez de la sainte table avec une foi vive en la présence réelle de Jésus dans l'hostie que vous allez recevoir. C'est lui-même qui nous a enseigné cette vérité, et vous savez que sa parole est infaillible, qu'il ne peut ni se tromper, ni nous tromper nous-mêmes. Ce n'est pas une foi stérile que vous devez avoir, une foi de* mendiant*; c'est une foi active, une foi qui vous fasse désirer ardemment de vous unir à Jésus et qui vous inspire le plus grand respect pour l'auguste sacrement de l'Eucharistie...* (Ici, plusieurs phrases illisibles).

2° Cette partie manque totalement.

3° *Mais pour communier dignement, ce n'est*

pas assez d'avoir, avec une foi vive, le regret de tous ses péchés : il faut de plus un amour ardent pour Jésus-Christ. Pour bien vous pénétrer de ce sentiment, vous n'avez qu'à vous rappeler les bienfaits sans nombre qu'il vous a accordés et qu'il va vous accorder encore. Jésus vous avait donné l'innocence, il vous avait mis au nombre de ses enfans bien-aimés par la grâce du saint baptême; et à peine avez-vous eu l'âge de raison que vous vous êtes abandonnés à vos passions et vous êtes éloignés de lui par vos péchés. Il aurait bien pu vous éloigner de lui dans cet état de réprobation; mais il ne l'a pas voulu. Son amour pour vous ne lui a pas permis d'en agir ainsi; il a donc oublié vos ingratitudes et vos infidélités. Il vous a tout pardonné dans le sacrement de la pénitence et vous a rendu l'innocence de votre baptême. Et son amour pour vous ne se borne pas là : il a encore quelque chose de plus grand à vous donner, c'est Lui-même, c'est son corps, son sang, son âme, sa divinité. Voilà le don qu'il va vous faire aujourd'hui... (Ici encore tout un passage qui manque),

« *O mes amis, pourriez-vous être insensibles à tant de bonté, à cet excès d'amour? Pourriez-vous vous empêcher de l'aimer? Pourriez-vous ne pas lui rendre amour pour amour? Si je vous faisais cette question : aimez-vous votre bon Jésus? l'aimez-vous par-dessus toute chose? l'aimez-vous de tout votre cœur et de toutes vos forces? Pourriez-vous me répondre : oui, nous l'aimons et l'aimerons toujours? Si tels sont vos sentiments, approchez sans crainte : Jésus fera ses délices d'habiter dans vos cœurs et il vous comblera de ses grâces.......*

... « Et vous, pères et mères de ces enfans heureux, vous tous, mes frères en Notre-Seigneur, qu'elles réflections devez-vous faire à la vue du touchant spectacle que vous avez maintenant sous les yeux? Vous éprouvez sans doute une grande joie de voir ces enfans dans de si bonnes dispositions et sur le point de recevoir leur Dieu... Mais si vous rentrez en vous-mêmes, de quels regrets ne sera pas accompagnée votre joie? Vous avez été innocens, comme ils le sont eux-mêmes, lors de votre première communion; vous étiez dans les mêmes dispositions; mais où sont maintenant les fruits de cette communion? qu'est devenue cette première ferveur? N'avez-vous pas à gémir du relâchemen dans lequel vous êtes tombés, du dégoût et de l'indifférence que vous avez aujourd'hui pour l'Eucharistie? Unissez donc vos prières aux nôtres, à celles du clergé et de toutes les pieuses âmes de cette ville, afin que Dieu vous convertisse et préserve ces chers enfans d'imiter un jour votre conduite...

« O mon Dieu! nous vous présentons ces chers enfans qui sont sur le point d'approcher de votre sainte table, afin que vous répandiez sur eux votre grâce et vos bénédictions. Vous seul connaissez les efforts qu'ont faits vos dignes ministres pour préparer leurs jeunes cœurs à cet acte si important de la vie chrétienne. Mais achevez vous même votre ouvrage et suppléez à ma trop grande impuissance. Rendez-les dignes de vous recevoir. Venez, Seigneur, venez les visiter. Venez combler leurs désirs,

venez établir votre demeure dans leurs cœurs et pour le temps et pour l'éternité.

Amen ».

TITRE CLÉRICAL

DE

L'ABBÉ FRANÇOIS FILIOL

Dans la *Convention* entre le Gouvernement français et sa Sainteté Pie VII, échangée le 23 fructidor an IX « 10 septembre 1801 », on lit ce qui suit :

Article XXVI. « Les évêques ne pourront ordonner aucun ecclésiastique s'il ne justifie d'une propriété produisant au moins un revenu annuel de *trois cents* francs, s'il n'a atteint l'âge de vingt-cinq ans et s'il ne réunit les qualités requises par les canons reçus en France ».

Le *titre clérical* n'est pas autre chose que l'assurance d'une honnête subsistance pour celui qui veut recevoir les Ordres sacrés. Ce titre n'est pas seulement requis par les lois civiles, mais aussi et surtout par les lois de l'Eglise, car il est nécessaire pour l'honneur du sacerdoce. Il ne convient pas en effet qu'un prêtre, un diacre, un sous-diacre soient réduits à une mendicité honteuse pour leur caractère (1).

On distingue, dit le cardinal Gousset, trois sortes de titres : le titre de bénéfice, le titre de pauvreté religieuse et le titre de patrimoine. Le titre patrimonial — celui qui fut assuré à l'abbé Filiol — doit être fondé sur un immeuble, ou

(1) Concile de Trente, sess. XXI, *de reformatione, cap.* 2

sur une rente perpétuelle ou viagère; l'argent comptant, les biens meubles, le revenu que l'on ne posséderait que pour un temps, ne pourraient servir de titre. Le sous-diacre doit entrer en jouissance de son titre, le jour même de l'ordination, et la quotité en est fixée par les réglements du diocèse.

Cependant, vu le triste état où se trouve l'Eglise en France, surtout de nos jours, état qui menace d'empirer encore, par suite de la loi aussi inutile que scélérate du service militaire devenu obligatoire pour les jeunes clercs, les évêques n'exigent plus en France le titre clérical, ou ne l'exigent que d'un petit nombre d'ordinands. Si on ne recevait aujourd'hui dans les Ordres sacrés que ceux qui peuvent se procurer un titre patrimonial, il faudrait laisser le plus grand nombre de paroisses sans prêtre et sans culte. Ces quelques notions nous ont paru nécessaires pour l'intelligence de ce qui va suivre.

Voici, tel que nous l'avons trouvé aux archives de Clermont, et avec le style alambiqué de l'époque, le titre clérical de l'abbé Filiol : (1)

27 juin 1788. Insinué et con^{llé}

« L'an 1788, le 22 mars, avant midi, en cette ville de Pleaux, par devant le not^{re} royal soussigné, et témoins bas nommés présents, ont comparu S^{er} Antoine Filiol, marchand, veuf de d^{lle} Cath^{ne} Armand, du village de Bouvats, lequel,

(1) Nous croyons utile de reproduire en toutes lettres bon nombre de mots écrits en abrégé, dans le but d'en faciliter la lecture.

de son bon gré, voulant seconder les pieuses intentions de François Filiol, son fils, acolyte, d'ici absent, étant maintenant au Grand-Séminaire de Clermont, qui aspire aux Ordres sacrés, en se conformant aux statuts du présent diocèse, pour lui créer son titre clérical, il lui a créé et constitué, comme il le fait dès maintenant, une rente annuelle et pension viagère de 80 francs, (1) franche et quitte de toutes impositions royales prévues et à prévoir, qui prendra son cours à son ordination au sous-diaconat, à lui payable de 6 mois en 6 mois et d'avance, qui ne pourra néanmoins tomber en arrérages que de 3 ans ; et laquelle ditte pension viagère a son père affecté et hipotéqué sur tous et un chacun de ses biens présents et à venir, et particulièrement sur la seizième portion de ses dits biens qui appartiennent au dit sieur acolythe son fils, et qu'il a droit de réclamer en immeubles comme à lui appartenants et dévolus de droit, laquelle (16me portion) est de valeur denviron 3000 francs. Et pour mieux assurer la ditte pension viagère de 80 fr., sont comparus et ont été présents sieur Antne Sainge, du lieu de Lestrade, paroisse de Rilhac, Srs Antne et Léger Armand, frères marchands du village de Granoux, paroisse de Pleaux, et sieur Pierre Mealet, aussy marchand, de Bouvats, en cette même paroisse de Pleaux, lesquels, après avoir pris lecture du susdit titre

(1) Cette rente était relativement considérable, vu que l'argent avait à cette époque beaucoup plus de valeur que de nos jours.

clérical et susditte pension de rente de 80 fr., ont attesté que, non seulement le domaine en entier, mais encore la ditte portion du seizième du bien du dit constituant, qui est la *légitime* de droit du dit sieur acolythe son fils, est plus que suffisante pour lui fixer la ditte pension de 80 francs, puisqu'elle est de valeur au moins de 3000 fr. en immeubles, quitte et franche de toutes dettes et hypotèques, et promettent iceux, solidairement avec le dit sieur Filiol, pour faire payer et valoir la ditte rente, ainsi qu'il est expliqué ci-dessus, et dont et de laquelle garantie promet et s'oblige le Sr Antoine Filiol garantir et relever indemnes les dits sieurs attestants, pour raison de la ditte rente de 80 francs, en cas de recherche, sans que la ditte promesse puisse déroger à la ditte solidarité envers le sieur acolythe; car ainsi les dittes parties l'ont voulu.

Fait et passé en présence de Guillaume Jammeton, huissier royal (1), et de sieur François Vigier (2) praticien, habitants de cette ville de Pleaux soussignés avec toutes parties et nous messire Biard, notaire royal (3), présent à icelle,

(1) Ce Jammeton était le frère du gendarme qui arrêta l'abbé Filiol à Bouval, le 8 mai 1793, en compagnie de Talandier, Blancheyre et Guinot Bayle, sous la conduite du farouche Dumas, maréchal des logis de la brigade de Pleaux.

(2) Un parent de M. Vigier de Saligous, dont le fils est actuellement propriétaire à Nozières, près Pleaux.

(3) Ce Biard fut successivement notaire royal, procureur de la commune, adjoint municipal, et enfin maire de Pleaux en 1799. Il a un descendant du même nom, qui fait partie du conseil municipal actuel.

c^{llé} au bureau de Pleaux par Lacroix (1) dont les droits perçus montent 6 livres 15 sols.

Signé : Biard, n^{tre} r^{l}.

(1) Lacroix était syndic de la Maison de Charité (aujourd'hui l'hospice), et greffier de M. Gineste, juge du Seigneur de Pleaux. Il avait un frère, officier de santé et maître en chirurgie.

CERTIFICAT DE PUBLICATION DES BANS

Dans l'église SAINT-SAUVEUR *de Pleaux*

Nous soussigné, curé de la ville de Pleaux (1), certifions avoir publié au prône de la messe pa-

(1) Les amateurs d'histoire locale nous sauront gré sans doute de donner ici quelques renseignements :

De 1720 à 1737, le curé de Pleaux fut M. Leconet, docteur en théologie. La grande cloche que l'église de Pleaux possède encore, fut achetée et bénite par lui en 1726. Il mourut le 25 juillet 1743, et fut enterré dans l'église saint Jean-Baptiste.

Le successeur de Leconet fut son neveu, M. Rotquié, frère d'Antoine Rotquié, de Laval, notaire royal et *apostolique*, avocat, procureur syndic de la maison de Charité et juge du Seigneur prieur de Pleaux. M. Rotquié eut de longs et graves démêlés avec la comtesse de Lignerac, de Pleaux-Soubeyre, au sujet d'une chapelle de l'église paroissiale. Il mourut le 24 juin 1759, et fut enterré par son vicaire, Lajunie, de Granoux (1738-1759).

A la mort de M. Rotquié, M. Lajunie exerça les fonctions de vicaire régent pendant un an.

M. *Veyssières* apparaît pour la première fois comme successeur de Rotquié à la cure de Pleaux le 3 mars 1760. Ce fut un prêtre d'une très grande valeur. Il eut successivement pour vicaires : MM. Laval, 1761 — Dupon, 1762 — Gros, 1775 — Dutour, 1777 — Chavaroche, 1779 — Mauriac, 1780 — Dufayet, 1782 — Aulon (1783-1791), mort plus tard curé-doyen de Saint-Cernin.

Le 13 février 1791, M. Veyssières refusa énergiquement de prêter le serment constitutionnel, ainsi que M. Aulon, et se vit remplacé, après 31 ans d'une sage administration, par un intrus, le citoyen Dagen (26 mai 1791), lequel rétracta plus tard son serment et fut nommé curé de Marchal, près Champs, par Mgr de Belmont, alors évêque de Saint-Flour.

M. Veyssières, revenu d'Espagne où il s'était réfugié pendant deux ans, mourut à Pleaux, en odeur de sainteté, le 9 floréal an II (29 avril 1793), à l'âge de 83 ans. (Voir son acte de décès aux archives de la mairie).

roissiale, par trois dimanches ou fêtes, savoir les 23, 25 et 30 du même mois, le présent titre clérical, sans que nous ayons reçu aucune opposition, ni rien découvert qui soit contraire à sa teneur.

En foi de quoi, nous avons signé à Pleaux, le 31 mars 1788.

Signé : VEYSSIÈRES, curé de Pleaux

Vidimus et probavimus die 7ª maii 1788.

BOUILLAUD, vicaire général (1).

MORANGE, secrétaire de l'évêché.

Liv. 180, feuillet 189.

(1) M. Bouillaud, vicaire général, était en même temps supérieur du grand séminaire de Clermont, à l'époque où l'abbé Filiol y faisait ses études théologiques.

ERRATA

Dans le cours de nos dernières recherches, nous avons pu découvrir certaines inexactitudes que contient la deuxième édition de l'*Abbé Filiol.* Nous nous faisons un devoir de les signaler ici au lecteur indulgent ; et nous comblerons en même temps quelques lacunes.

A la page 91 et 92. — Le Grand-Séminaire où l'abbé Filiol fit ses études n'était point situé alors à Montferrand, comme nous l'avons écrit par erreur, mais bien à Clermont même, et cela jusqu'à la Révolution. A cette époque, il fut transformé en une caserne, qui existe encore, et que l'on appelle la *caserne du séminaire* (1).

Ce n'est qu'en 1808 que le grand-séminaire fut définitivement établi à Montferrand, aux lieu et place d'un ancien couvent des Ursulines. Nous tenons ces détails d'un professeur de l'établissement.

A la page 24, nous avons dit que le jeune François, en 1775, avait fait sa première communion des mains de M. Rotquié. C'est M. Veyssières qui eut à préparer le futur martyr à ce grand acte de la vie chrétienne, M. Rotquié étant décédé en 1759.

(1) Nous avons parcouru les longs corridors de cette caserne, où les cellules des pieux séminaristes d'autrefois sont aujourd'hui converties en chambrées.

A la page 93. — Le supérieur du grand séminaire était M. Bouillaud, et non Bouilland. Le supérieur actuel n'est plus M. Thibault, lequel est mort en 1895.

A la page 133, il est écrit que le successeur *légitime* de Mgr de Bonal, à l'évêché de Clermont, fut Mgr Perrier ; c'est successeur *illégitime* qu'il faut lire. C'est M. le curé de Saint-Amandin qui a bien voulu nous signaler cette erreur.

A la page 223 et 224, au lieu de : incarcéré le 9 mai, *au soir*, et le 13 may 1792, lisez : au matin et 1793. Les citoyens de Mauriac, qui présidèrent à l'exécution de l'abbé Filiol, furent : Lalo, maire ; Rixain, officier royal, procureur de la commune; Simon, secrétaire-greffier ; Delfraissy, président ; Delmas, vice-président ; Forestier, secrétaire ; Demurat, Valette, Dolivier, Rigal, administrateurs, et Sauvat, procureur-syndic.

« Extrait du procès-verbal de la permanence du Conseil du District de Mauriac, du 7 avril 1793 au 30 frimaire, an 2 ».

(Archives départ[les], I. 407).

DATES EXACTES DES DIVERSES ORDINATIONS DE L'ABBÉ FILIOL

Nous savions bien que notre glorieux martyr avait reçu l'onction sacerdotale des mains de Monseigneur de Bonal (1); mais nous ne pouvions préciser aucune date, n'ayant trouvé nulle part les lettres d'ordination. Plus heureux que nous, parce que plus habile, M. l'abbé romain Bastide, l'ami et le soutien généreux de notre œuvre, a pu enfin découvrir aux archives de Clermont un document que nous cherchions en vain depuis longtemps.

Cette pièce importante, qui n'est autre qu'un énorme registre, va nous permettre de donner non seulement la date de chaque ordination, mais encore les noms des autres ordinands, compatriotes de l'abbé Filiol. On verra que, pour la plupart, ce sont des noms bien connus.

Tonsure et Ordres moindres

(2 juin 1787)

François Filiol, de Pleaux — Antoine Baldus, d'Ally — Guillaume Chadefaux, de Saint-Vincent — Etienne Lafarge, de Salins — Antoine Matthieu, de Moussages — Charles de Fontange, de Vebret — Jeacques Lajunie, de Pleaux

(1) Voir l'*Abbé Filiol*, 2e édition, p. 104 et 105.

— Jean Périer, de Salins — Antoine Rouffy, de Barriac — Antoine Savignac, de Condat — Pierre Moret, de Saint-Bonnet. Cela fait onze tonsurés et minorés appartenant au Cantal.

Sous-Diaconat

(20 avril 1788)

François Filiol, de Pleaux. — François Caulus, d'Ally — Lavergne, de Sainte-Eulalie — Dolivier, de Salers — Lescure, de Saint-Christophe — Couvreul, d'Ally — Clarys, de Barriac, et ceux déjà nommés.

Diaconat

(20 décembre 1788)

François Filiol, de Pleaux — Antoine Baldus — Guillaume Chadefaux — Etienne Lafarge — Géraud Lavialle, du Vigean — Antoine Mathieu, de Moussages — Antoine Senaud, de Brageac — Pierre Périer, de Pleaux — Faure, de Salvaniac, près Pleaux.

Prêtrise

(26 mars 1789)

François Filiol, de Pleaux — Guillaume Chadefaux, de Saint-Vincent — Chassaing — Guillaume Coste — Guillaume Fouilhoux, d'Auzers — Etienne Lafarge, de Salins — Géraud Lavialle, du Vigean — Antoine Mathieu, de Moussages — Antoine Rouffy, de Barriac — Antoine Senaud, de Brageac.

Quand éclata la Révolution, deux ans plus

tard, tous ces nouveaux prêtres restèrent fidèles à leur Dieu et prirent, les uns le chemin de l'exil, d'autres celui de l'échafaud.

Parti pour Clermont au mois d'octobre 1786, l'abbé Filiol était promu aux honneurs du sacerdoce le 26 mars 1789. Cela faisait à peine deux ans et six mois, passés au Grand-Séminaire. C'était peu, sans doute, pour bien forger une âme de prêtre et la préparer aux luttes terribles qui l'attendaient au sortir du Séminaire. Les interstices eux-mêmes, exigés par l'Eglise en temps ordinaire, n'étaient point gardés. Mais, ne l'oublions pas, à l'époque où l'on était arrivé, les idées révolutionnaires germaient déjà dans bien des esprits. Il ne fallait plus qu'une occasion pour les faire éclore. Encore quelque temps, et les Grands-Séminaires eux-mêmes, comme la plupart de nos églises, ne seront plus que des casernes ou des salles de réunion à *tout faire*. La pauvre humanité tombera dans un tel état de dégradation qu'il n'y aura plus de place, sous le soleil de France, que pour les *jureurs* de toutes sortes et les buveurs de sang.

Semblable à un torrent impétueux que les obstacles rendent plus furieux encore, la Révolution traversera notre pays, renversant les trônes et les autels, chassant devant elle les religieux et les rois, dressant partout la guillotine, promenant çà et là son niveau soi-disant égalitaire, comme si elle eût voulu faire oublier quatorze siècles de gloire, en reniant son baptême et les « *gesta Dei per Francos* ».

CONCLUSION

Voilà six cents pages et plus que nous avons écrites, ici ou ailleurs, pour le triomphe d'une idée et la glorification d'un saint prêtre, connu du Ciel sans aucun doute, mais trop ignoré de la terre. Et pour cela, à défaut de talent, nous avons dépensé beaucoup d'activité et une force de volonté telle, que rien n'a pu nous rebuter.

Nous regrettons vivement à cette heure, surtout pour nos aimables lecteurs, de n'avoir pu mettre au service d'une si grande cause qu'une plume peu exercée, sans autorité, et un peu trop prime-sautière peut-être. Peut-être aussi, pour nous être permis de battre sans collier les buissons de l'idée, risquerons-nous d'être mis en *fourrière* par les réguliers et les solennels ! Peut-être, certains dilettanti de la littérature diront-ils que nous aurions dû donner à l'écrin des contours plus gracieux, l'emplir d'expressions plus néologiques et plus françaises ! . . D'autres enfin — des intellectuels ceux-là! — nous rappelleront tout bas la mercuriale d'Alceste à propos du sonnet d'Oronte :

> Et qui diantre vous pousse à vous faire imprimer ?
> Si l'on peut pardonner l'essor d'un mauvais livre,
> Ce n'est qu'aux malheureux qui composent pour vivre.

....

Mais que nous importe ! notre attention n'est

jamais allée au plus ou moins d'élégance de la mise. Et puis, le sujet, assez grand par lui-même, n'avait que faire de cette riche et brillante vêture dont s'entourent les *Puissants* de la terre, pour cacher leur faiblesse et leur néant.

Ce qui nous rassure, c'est que le fond, ici, vaut assurément mieux que la forme. L'émotion du lecteur restera inhérente aux nobles et hautes pensées du jeune héros de Bouval, dont la vie, si courte mais si bien remplie, est, à elle seule, un modèle d'édification et d'activité chrétienne.

A ceux-là donc qui trouveraient que la lecture de notre ouvrage n'offre pas l'attrait d'une élégance littéraire quelconque, nous répondrions qu'il n'est pas nécessaire d'être né Massillon, Bossuet ou Fénelon, pour aimer la vertu et chercher à la faire aimer autour de soi....

Nous aurons encore — et c'est beaucoup à nos yeux — donné à cette chère jeunesse pour laquelle surtout nous écrivons, l'exemple de l'étude, de l'amour du travail.

Ah! jeunes amis, vous courez tous, n'est-ce pas? après un idéal de bonheur. Laissez-nous vous le dire, vous poursuivez une chimère. Mais ici-bas, le bien le plus proche du bonheur idéal, c'est d'étudier et d'étudier sans cesse. Le poète Lebrun a dit vrai :

Il est entre *nos* biens si trompeurs et si faux,
Il est un bien réel, doux charme de nos maux,
L'étude, plaisir vrai dont la source est en nous,
L'étude, heureux trésor qui les remplace tous.

Le grand artiste, Léonard de Vinci, a dit quelque part une vérité, simple mais très profonde : « Comme une journée bien dépensée donne joie à dormir, ainsi une vie bien employée donne joie à mourir. »

Mais cette vérité, hélas ! n'est plus comprise de nos jours... En France, a dit Montalembert, nous avons une inclination prédominante et une fonction qui nous est propre : c'est le sommeil. Dormir bien, dormir mollement, dormir longtemps, et après s'être un moment réveillés, se rendormir le plus vite possible, telle est souvent notre philosophie comme aussi notre politique.

Les plus jeunes de cœur sont encor nos aïeux ;
Dans le monde nouveau, les hommes naissent vieux.

Ne suivez pas le conseil — car il est mauvais, si poétique soit-il — que Victor Hugo ose donner à la jeunesse de nos jours :

> Ah ! ne vous hâtez point de mûrir vos pensées !
> *Jouissez* du matin, *jouissez* du printemps.
> Vos heures sont des fleurs l'une à l'autre enlacées,
> Ne les effeuillez pas plus vite que le temps.

Non, jeunes amis, la jouissance n'est pas un bien véritable, car elle n'est jamais sans mélange. Hâtez-vous au contraire de mûrir vos pensées. Effeuillez vite, bien vite, toutes ces fleurs, toutes ces illusions de jeunesse, sinon il vous faudra bientôt les laisser aux ronces du chemin. Comme fleurs, cultivez la vertu et l'étude. L'une est la sauvegarde de l'autre, et les deux réunies font le *tout* de l'homme...

PANÉGYRIQUE

DE

L'ABBÉ FRANÇOIS FILIOL

Prononcé à Mauriac

Dans l'église de Motre-Dame des Miracles

LE 12 JANVIER 1896

Le panégyrique que nous donnons ici n'entre pas directement dans le plan de cet ouvrage. Nous croyons néanmoins pouvoir le mettre sous les yeux du lecteur, qui trouvera là comme un résumé succinct mais complet de la notice biographique que nous avons écrite ailleurs. Et puis, nous satisferons ainsi une fois de plus un vrai besoin du cœur : celui de faire connaître partout, dans notre diocèse, la vie si édifiante, si courte et pourtant si bien remplie du glorieux martyr de Bouval. Car le connaître, c'est l'aimer...

Monsieur l'abbé Bastide, aujourd'hui curé de la belle paroisse de Crandelles, voulut bien présenter alors ce panégyrique aux nombreux lecteurs de la *Croix du Cantal*. Voici l'article qu'il lui consacra et que nous n'hésitons pas à reproduire ici, à cause de son mérite littéraire réel et très personnel. Toutefois, l'aimable auteur nous permettra bien de lui dire que son cœur de vieil ami et d'ancien condisciple l'a quelque peu égaré, dans les éloges assurément immérités qu'il nous adresse...

M. L'ABBÉ LALANDE

ET SON ŒUVRE

Extrait de *la Croix du Cantal* du 19 janvier 1896 :

M. l'abbé Lalande est un de ces prêtres modestes, qui ne recherchent ni le bruit ni la réclame, mais qui font de la bonne besogne, ce qui vaut infiniment mieux. Dans sa solitude de Saint-Cirgues-de-Jordanne, comme autrefois dans son cabinet de Pleaux, il compulse les manuscrits poudreux, fouille les vieilles archives, vit beaucoup avec les morts glorieux du passé pour les faire revivre par le livre et le journal.

L'histoire de France est à refaire, pièce à pièce, et c'est à la patience et aux veilles des infatigables chercheurs locaux qu'elle devra, un jour, de sortir de la légende, dans laquelle l'ont impitoyablement figée des écrivains plus brillants que consciencieux.

M. l'abbé Lalande est un de ces chercheurs. Il ne donne pas à ses personnages des costumes de convention, il les habille à la mode de leur époque; il ne leur prête ni les mœurs ni le langage de notre siècle, ils parlent comme ils parlèrent, vivent comme ils vécurent.

Il y a à peine un an qu'il publiait, dans une intéressante brochure, une biographie qui mettait en lumière une figure demeurée populaire, quoique bien imparfaitement connue.

L'abbé François Filiol est un des nombreux prêtres qui, aux heures troublées de la Révolution, surent demeurer fermes devant les perfides avances ou les terribles menaces de la faction jacobine. Il fut un héros parmi beaucoup d'autres héros et il gravit glorieusement les degrés de l'échafaud plutôt que de forfaire à l'honneur et de renier sa foi.

Ce soldat de la cause catholique, tombé au champ d'honneur sans forfanterie comme sans faiblesse, M. l'abbé Lalande l'a fait connaître au public qui l'ignorait et les félicitations qui lui sont venues de ses confrères, des érudits qu'intéressent les choses du passé et aussi des obscurs de la foule, lui ont surabondamment prouvé que son livre n'était pas seulement une nouvelle pierre apportée à l'édifice, à peine ébauché, de l'histoire locale, mais encore un élément de bien, propre à élever les âmes et à retremper les caractères.

C'était beaucoup, ce n'était pas encore assez. M. l'abbé Lalande est de l'Auvergne, et chacun sait qu'en ce pays de roches basaltiques, l'homme veut plus fortement qu'ailleurs. Il rêva donc, pour le héros qu'il avait appris à aimer en l'étudiant, un monument qui redît à tous sa foi, sa fidélité, son héroïsme. Aujourd'hui qu'on divinise toutes les hontes et que le bronze de Marat coudoie, sur les places publiques, les bronzes de ses hideux comparses de la Convention, n'était-il pas juste que dans une âme de prêtre biographe germât l'idée d'une statue qui glorifierait l'un des contemporains de ces hontes, une victime de cette Convention?

Ici la brochure ne suffisait plus. M. l'abbé Lalande l'a compris et il a demandé à sa parole et à son cœur ce que le livre pouvait indiquer, mais demeurait impuissant à réaliser. Il s'est donc fait missionnaire de son œuvre, apôtre de son héros, et nous nous hâtons d'ajouter que ce héros n'a rien à y perdre. Nous avons eu le bonheur de l'entendre dans cette chaire de Notre-Dame des Miracles, qui se dresse à quelques pas de la place où tomba la tête de l'abbé Filiol, et il nous a semblé que cette belle figure se dessinait, plus vigoureuse et plus angélique, pendant que son biographe nous disait, avec cette chaleur que donne la conviction, ce qu'avait été à Mauriac, la ville de ses études et de son martyre, comme à Bouval et à Pleaux, son pays d'origine, ce jeune prêtre qui, à l'âge où d'autres ont à peine appris à vouloir, prenait son essor vers le ciel dans une lumière d'apothéose.

Nous croyons savoir que l'on a fait des instances auprès de M. Lalande pour que son discours soit publié et nous espérons, pour l'édification des absents, qu'il voudra bien se rendre à ces instances.

En attendant, nous ne doutons pas que les fidèles de Mauriac s'empressent de souscrire largement à l'érection du monument expiatoire, qui va bientôt dominer les gorges pittoresques de l'Auze.

L'œuvre est déjà en bonne voie et nous regret-

terions vivement que notre ville n'y contribuât pas pour une large part.

P. BASTIDE. (1)

(1) *M. Bastide était alors 1er vicaire à Mauriac et son influence en ville était considérable. Si son appel ne fut pas entendu dans les proportions désirables, cela tint à plusieurs circonstances indépendantes de toute volonté.*

(Note de l'auteur.)

PANÉGYRIQUE

DE

L'Abbé François FILIOL

Victime de la Révolution

Raptus est in paradisum et audivit arcana verba quæ non licet homini loqui,

« Il fut enlevé au ciel où il entendit de ces choses qu'une langue humaine ne saurait traduire. »

(Saint Paul aux Corinthiens)

Mes Frères,

C'est à votre distingué et sympathique pasteur, Monseigneur Raymond, l'ami, le défenseur de tout ce qui est beau et grand, que je dois l'honneur aussi immérité qu'inattendu de me trouver aujourd'hui au milieu de vous, dans cette belle église, si pleine de pieux souvenirs.

Je regrette très vivement que des circonstances, assurément bien pénibles à son cœur, ne me permettent pas de lui en exprimer ici toute ma respectueuse gratitude (1).

Ne me reconnaissant ni qualité, ni droit, surtout en son absence, pour dire publiquement, sur son propre compte, tout le bien que j'en

(1) M. l'archiprêtre venait de partir pour Condat, appelé auprès de sa digne mère mourante.

pense, je prie votre illustre et puissante Madone, Notre-Dame des Miracles, de m'acquitter auprès de lui, et, aussi, de lui épargner encore la cruelle épreuve qui déjà le menace...

Tout d'abord, mes bien chers Frères, j'avais espéré voir, en ces mêmes lieu et place, Sa Grandeur, Monseigneur Pagis, qui veut bien, de concert avec notre bien-aimé et saint Evêque, porter le plus vif, le plus sympathique intérêt à l'œuvre de pieuse *réparation* dont je ne suis que le modeste et indigne ouvrier. Des circonstances, tout à fait indépendantes de sa volonté, l'en ont empêché, malheureusement pour vous et surtout pour moi.

Donc, mes Frères, à la place d'un Prince de l'Eglise, d'un illustre et vaillant Evêque, dont vous connaissez la chaude et vibrante parole, et que vous aimez d'autant plus, qu'il est un enfant du pays (1) et une de nos plus pures gloires cantaliennes, vous n'aurez qu'un obscur riverain de la Jordanne, un inconnu pour la plupart d'entre vous, un pauvre *petit* curé, en un mot... L'épithète, je le vois, vous fait un peu sourire, mes Frères, mais elle est amphibologique, et nulle autre ne saurait mieux traduire, sinon votre pensée, du moins la mienne...

***

La fête de l'Epiphanie, que l'Eglise célèbre en

(1) Monseigneur Pagis est né à Pleaux, de parents ouvriers. Professeur de philosophie pendant longtemps au petit séminaire, il devint successivement curé de Chaussenac et doyen de Salers. C'est à son intelligence et à son amour du travail qu'il doit tout ce qu'il est aujourd'hui.

ce jour, doit nous être particulièrement chère, car elle est, à proprement parler, *notre fête*, à nous chrétiens. Les Mages étaient *Gentils*, c'est-à-dire idolâtres, et l'Eglise les regarde avec raison comme les premiers des Gentils, que Dieu, dans sa miséricorde, a appelés des ténèbres de l'erreur à la lumière de la vérité. Elle est donc propre, cette fête, à tous ceux qui, comme nous, sont Gentils et idolâtres par leur origine, tandis que toutes les autres nous sont communes avec les Juifs convertis à la Foi.

Aussi, mes Frères, a-t-elle été célébrée de tout temps par les impies eux-mêmes. Julien l'Apostat, se trouvant à Vienne, en Dauphiné, l'an 361, n'osa se dispenser, le jour de l'Epiphanie, d'aller à l'église, quoique, dans son cœur, il eût déjà renoncé à la religion de Jésus-Christ. (1)

Je pourrais vous parler de l'obéissance prompte, aveugle, des Mages ; de leur foi vive, inébranlable. Je pourrais en un mot, — mais à notre grande confusion — mettre leur conduite en parallèle avec celle de beaucoup de chrétiens de notre fin de siècle...

Toutefois, je ne dois point oublier que vous êtes en droit d'attendre de moi autre chose. Aussi vais-je essayer de donner satisfaction à vos légitimes désirs, sans trop m'éloigner du sujet que m'impose la fête de l'Eglise, en ce jour.

Pour cela, mes bien chers Frères, me sentant par trop au-dessous de ma tâche, je vous de-

(1) Cet empereur romain régna de 361 à 363, époque où il fut blessé à mort dans une guerre contre Sapor, roi de Perse.

mande, pour le moins, autant d'indulgence que d'attention.

Cette obéissance, cette foi robuste et toujours plus forte que l'épreuve, que nous admirons dans la conduite des rois de l'Orient, (1) je les trouve, mais d'une manière fort surprenante, dans ce jeune héros de 28 ans, dans ce martyr *volontaire*, dont le sang généreux arrosa, il y a un siècle, une des places publiques de notre ville.

Né à Bouval, le 22 août 1764, de parents peu fortunés, mais riches des dons du ciel, l'abbé François FILIOL, le onzième enfant de quatorze frères ou sœurs, apprit de bonne heure, sur les genoux de sa mère, la pieuse *Catherine* (2), ce respect et cette obéissance que tout enfant doit, après Dieu, aux auteurs de ses jours.

On raconte que le marquis de Fénelon n'avait encore que 16 ans quand il alla demander du service dans l'armée de Louis XIII. Vous êtes bien jeune, lui dit le roi, quelque peu surpris... Sire, répondit le marquis, « je n'en aurai que plus de temps pour servir Votre Majesté. » Ainsi fit notre futur martyr.

Dès l'âge le plus tendre, il se mit résolument au service de Dieu et de l'Eglise. Il avait à peine huit ans, qu'il donnait déjà des preuves non équivoques de piété et d'amour du travail. Comme saint Basile et saint Grégoire de Na-

(1) La tradition nous a conservé leurs noms : GASPAR, MELCHIOR et BALTHAZAR.

(2) La mère Catherine était une Armand, de Granoux, près Pleaux, une parente de la famille Armand actuelle.

zianze, étudiants à Athènes, il ne connaissait, lui aussi, que deux chemins : celui de l'école, et celui de l'église Saint-Sauveur, de Pleaux, aujourd'hui l'église paroissiale.

Ardent, par caractère, mais réfléchi, et même quelque peu taciturne, sa qualité dominante, l'âme de toutes ses actions, c'était la *bonté*, qui est, au dire de Victor-Hugo « le fond des natures augustes ». (1) « Un grain de bonté, dit quelque part le P. Lacordaire, vaut mieux qu'un monde entier de grandeur. » (2)

Après sa première communion, qu'il fit à Pleaux, en 1775, — Dieu seul peut savoir avec quelles saintes dispositions ! — François fut envoyé au collège de Mauriac, qui comptait alors près de 600 élèves, sous la sage direction de prêtres séculiers, ayant à leur tête M. Pierre *Fouilhoux*, d'Auzers, dont je suis heureux de saluer ici respectueusement la mémoire (3).

C'est là que, six années durant, (1779-1786), sous le regard affectueux et vigilant de ses maîtres, qu'il chérissait et dont il était aimé, notre futur abbé reçut, avec une instruction solide, une éducation sérieusement chrétienne, cette éducation qui, *seule*, quoi qu'on en dise, façonne le caractère, l'assouplit et l'affermit tour à tour, le plie à une discipline et à des obligations légi-

(1) Voir : *Regard jeté sur une mansarde.*

(2) Voir : *Les Pensées choisies. II vol.*

(3) Les jésuites, malgré les précieux et nombreux services rendus, soit au collège, soit à la ville, avaient été chassés, en 1762.

times, en même temps qu'elle lui communique l'énergie pour de *saintes résistances*, lui inspire les nobles sentiments et les dévouements généreux qui, *seuls*, font le bon citoyen et le vrai soldat du Christ, celui qui meurt mais ne se rend pas...

Napoléon, qui s'y connaissait bien, ayant décidé de confier à Madame de Montesquiou l'éducation de son fils unique qu'il avait fait roi de Rome, ne lui dit que ces seuls mots : « Je veux, Madame, que vous en fassiez un chrétien. »

Un de ses généraux ayant alors souri : « Je sais ce que je dis, reprit Napoléon, si mon fils n'est pas un bon chrétien, il ne sera jamais un bon Français. »

Ah ! c'est que l'âme de l'enfant est comme de la cire molle, a dit un auteur païen, (1) ce qui le dispose à recevoir facilement les impressions du bien et du mal.

Et c'est pourquoi, mes Frères, avec une éducation sans Dieu, une éducation *neutre*, si vous aimez mieux, car c'est tout un, avec cette éducation que l'on donne aujourd'hui à notre chère jeunesse dans la plupart des écoles de l'Etat, nous aurons une génération sans cesse en révolte, une génération passionnée pour le bien-être qui l'énerve et ne suivant le plus souvent d'autre guide que le froid égoïsme...

Mais je sens que je m'égare, mes Frères, sur

(1) *Sénèque le Rhéteur*, qui professa la rhétorique à Rome, et mourut l'an 32.

ce terrain pourtant si plein d'actualité, et, vite, je reviens à mon sujet.

En 1786, François, alors âgé de 21 ans, terminait ses humanités au collège de votre ville et partait bientôt après pour le grand séminaire de Clermont-Ferrand. (1)

Lui aussi, comme les mages, avait une étoile mystérieuse, une étoile éloquente, pour parler le langage de Bossuet, qui le guidait partout et toujours.

Lui aussi, comme Jeanne, dite la Pucelle, avait eu ses premières *visions ;* lui aussi avait entendu *ses voix* qui lui criaient :

> Plus haut dans vos amours ! montez, montez encore
> Sur cette échelle d'or qui va se perdre en Dieu ! (2)

Lui aussi,

> Qu'un élan naturel emportait vers les cimes (3)

avait foi en son étoile, et son cœur était tout plein d'un céleste amour. Or, mes Frères, l'amour n'est point *oisif,* a dit un auteur : ou il n'existe pas, ou il opère.

Mais Dieu qui voulait forger cette âme à l'école du malheur, afin de la faire grandir dans les mêmes proportions que le corps, avait déjà soumis François à une cruelle épreuve. Quelques pieds de terre venaient de lui ravir le trésor de son cœur... Sa mère, la pieuse Catherine, avait succombé aux nombreuses veillées passées au-

(1) L'arrondissement de Mauriac dépendait alors du diocèse de Clermont.

(2) *Victor de Laprade,* dans un de ses *Poèmes civiques.*

(3) Du même auteur.

près de quatorze berceaux et aux privations de toutes sortes qu'elle avait dû s'imposer. Oh ! le coup fut terrible pour notre martyr ; il fit saigner longtemps ce jeune cœur si sensible, cette âme sincèrement aimante et toute pleine des sentiments du poëte :

Oh ! l'amour d'une mère ! amour que nul n'oublie !
Pain merveilleux qu'un Dieu partage et multiplie !
Table toujours servie au paternel foyer !
Chacun en a sa part et tous l'ont tout entier :... (1)

On dit que l'aigle, voulant reconnaître ses aiglons, les élève dans ses serres et les présente au soleil pour voir si leurs yeux pourront en affronter l'éclat.... Ainsi Dieu essayait de bonne heure l'âme de l'abbé Filiol, comme pour l'ouvrir peu à peu à ces lumières surnaturelles dont il devait plus tard l'inonder.

Quand tout est perdu, a dit quelque part le P. Lacordaire, c'est l'heure des grandes âmes. C'était l'heure de notre futur martyr.

Ayant reçu l'onction sacerdotale des mains de Monseigneur de Bonal, évêque de Clermont, l'abbé François, à peine âgé de 24, rentrait à Bouval, dans sa famille, tout brûlant du désir de se dépenser sans compter pour le salut des âmes.

C'était au commencement de 1789.... A cette époque, déjà, la Révolution avançait à grands pas. Encore quelques mois, et la pauvre huma-

(1) Ce sont les sentiments de profonde douleur que traduisait si bien Victor Hugo, après avoir perdu sa mère, le 27 juin 1821.

nité tombera dans un tel état de dégradation, qu'il n'y aura plus de place, sous le soleil de France, que pour les *jureurs* de toutes sortes et les buveurs de sang.

Semblable à un torrent impétueux que les obstacles rendent plus furieux encore, la Révolution traversera la France, renversant les trônes et les autels, chassant les religieux et les rois, comme si elle eût voulu faire oublier quatorze siècles de gloire, en reniant son baptême et les *gesta Dei per Francos*...

Le jeune prêtre, nourri de la moelle des lions, bravera le danger, sans forfanterie assurément, mais aussi sans faiblesse aucune, jetant à la face des bourreaux ces fiers accents du poète :

Que l'autel de la Peur serve d'asile au lâche !
Mon cœur ne tremble pas aux coups sourds d'une hache ! (1)

Prêt à mourir mille fois, plutôt que de renier la foi de sa pieuse mère, et connaissant le *viriliter age* des anciens, la maxime favorite de toute sa vie sera toujours celle-ci : *Potius mori quam fœdari !* Plutôt mourir que de renier sa Foi.

Besoin n'est pas, mes Frères, ce me semble, de suivre pas à pas notre futur martyr, durant ces quelques années de persécution et de désordre. Outre que cela nous amènerait trop loin, je ne pourrais que vous répéter ici imparfaitement, ce que jai essayé d'écrire ailleurs.

Vers le milieu de 1789, l'abbé Filiol, fatigué de rester oisif, et poussé peut-être par des néces-

(1) Ce sont les vers que Lamartine lançait à un peuple courroucé, au lendemain de 1830.

sités pécuniaires, entra dans la pieuse et honorable famille *Ternat-Lapleaux*, de Mauriac, comme précepteur des enfants (1).

Il y resta jusqu'au mois d'octobre 1790, époque où il est nommé, à sa grande satisfaction, vicaire de la belle paroisse de Drugeac, qui avait alors pour curé M. Delzor, mort exilé en Espagne.

Obligé de quitter ce poste vers la fin de février 1791, à cause de l'inique décret du citoyen Voidel, rendu obligatoire dès le 9 janvier, il revient encore chez M. Ternat qui l'accueille avec bonheur, car il l'aimait comme son propre fils. Il y reste jusqu'après le décret du 26 août 1792, condamnant à la déportation et puis à la mort tous les prêtres *insermentés* saisis sur le territoire de la République.

Forcé de quitter encore cette maison hospitalière pour ne pas compromettre son bienfaiteur — car le décret visait aussi les receleurs de prêtres — traqué partout comme une bête fauve, parce qu'il ne voulait jamais adhérer à la *Constitution civile*, l'abbé François Filiol se réfugie alors dans les bois d'Ally, de Brageac et d'Enchanet, n'ayant souvent d'autre nourriture que le morceau de pain sec que lui apporte discrètement *Catinon-Menette*, cette femme héroïque et vraiment extraordinaire, de Mauriac, que le pieux et savant

(1) Cette famille est aujourd'hui représentée par M. Delalo, si avantageusement connue à Mauriac, et par lesdemoiselles Périer, d'Ostenac, dont l'une a épousé M. Baduel, et l'autre M. Albessard, de Lavaur, neveu du regretté M. Aurier.

M. Serres a su si bien faire revivre dans des pages où il a mis tout son cœur de prêtre. (1)

Trahi enfin par une indigne servante de son père, (2) il est pris à Bouval même, par la gendarmerie de Pleaux, le matin du 8 mai 1793.

Il s'arrache aussitôt aux douces étreintes de ses parents, de ses frères et sœurs, de son vieux père déjà infirme et qui mourra, quelques mois après, fou de douleur. (3) Il calme ses voisins irrités et prêts à le défendre, par ces paroles vraiment dignes des chrétiens des premiers siècles de l'Eglise : « Mes amis, la France est coupable, et il faut du sang de martyr pour apaiser la colère de Dieu. »

Conduit aussitôt, sans qu'il opposât la moindre résistance, au Tribunal d'Aurillac, et, de là, au district de Mauriac, attaché à la queue d'un cheval, il arrive dans votre ville, le 9 mai, de grand matin, sans jamais avoir voulu profiter des moyens d'évasion que lui proposait le brave

(1) Voir son livre intitulé : *Catinon-Menette*, qui est déjà à sa seconde édition.

(2) Une si lâche trahison ne porta pas bonheur à *Balotefetto*, c'était le nom de cette servante. Congédiée aussitôt de la maison, elle mourut à Pleaux, quelques jours après la capture de l'abbé, dans la plus complète misère et littéralement dévorée par la vermine.

(3) Le père Filiol fut conduit dans les prisons de Salers, comme coupable d'avoir recélé son propre fils. En apprenant que son cher abbé avait été décapité, il perdit subitement et pour toujours l'usage de la raison. Ramené alors à Bouval, il y mourut quelques mois après, le 15 août, jour de l'Assomption, et fut enterré à côté de sa pieuse femme, dans le cimetière Saint-Jean, de Pleaux, au pied de la croix dite de la Mission.

gendarme Bayle, un de vos compatriotes (1)
« *Non, non*, répondait toujours le saint abbé, *ma mort est décidée. Je veux aller mourir.* »

Mes Frères, quelle force de volonté ! Quelle énergie de caractère ! Quelle virilité d'âme !... Ah ! c'est que, comme les Mages, il a, lui aussi, une foi robuste, inébranlable, au-dessus des plus grandes épreuves. Comme les Mages, il a cette foi de prédestiné, qui ouvre le ciel et est « le crépuscule de la gloire : *Fides est crepusculum gloriæ* » a dit Guillaume de Paris. Il a cette foi qui enseigne toutes les vertus et prépare à tous les sacrifices ; cette foi qui est « la santé de l'âme », comme a dit un penseur contemporain; cette foi qui a créé l'art, bâti les cathédrales et fondé la Patrie. Il a cette même foi qui inspire la Sœur de Charité, cet ange de Dieu, le Missionnaire, au-delà des mers, le Frère de nos écoles chrétiennes libres, le marin dans la tempête, le soldat sur le champ de bataille et la mère veillant au chevet de son enfant.

Et cette foi, mes Frères, levier si puissant, vous le savez, qu'il transporte même les montagnes, l'abbé Filiol l'avait puisée sur les genoux de sa pieuse mère d'abord, au collège de votre ville ensuite, et enfin au grand séminaire de Clermont.

Aussitôt arrivé dans votre vieille cité, alors agitée comme un volcan par les meneurs révolutionnaires, le jeune prêtre est traduit devant un

(1) Il était né à Mauriac même, de Jean et de Françoise Triniac, et il mourut à Pleaux, en 1834, à l'âge de 90 ans.

jury militaire, composé de plusieurs gendarmes de Pleaux, de Mauriac et de Salers, et dont nous pourrions citer les noms ; mais à quoi bon ? La charité semble nous faire un devoir de ne point les publier ici.

Impitoyablement condamné à mort — contre toutes les lois de la justice et de la raison — par des juges improvisés, qui devaient être en même temps ses bourreaux, le futur martyr est enfermé tout près de la porte Saint-Mary, dans la chapelle dite des Pénitents, dont les sans-culottes du jour avaient fait une prison. (1).

Quand le jugement eût été rendu et l'heure du supplice arrêtée, la triste nouvelle se répandit aussitôt dans toute la ville, comme une traînée de poudre. La consternation devint générale, car, malgré tout, il restait encore un peu d'humanité à Mauriac, la cité privilégiée de Notre-Dame des Miracles.

Plusieurs notabilités se présentent, même au péril de leur vie, (2) pour obtenir la délivrance de l'innocent abbé.

« Je vous donne le plus beau de mes domaines (3), dit M. Ternat-Lapleaux aux autorités locales dont nous avons également trouvé les

(1) On se demande comment les catholiques de Mauriac, alors en majorité comme aujourd'hui, pouvaient laisser dormir leurs armes en présence des atrocités commises chaque jour. C'était là un signe du temps.

(2) Il y avait alors péril, en effet, à se dire l'ami d'un prêtre *réfractaire*, c'est-à-dire resté digne, car c'était s'exposer à être regardé comme *suspect* et traité comme tel.

(3) C'était le domaine de la Roussilhe, où M. Ternat avait une maison de campagne.

noms, mais, de grâce, ne tuez pas cet homme, qui n'a commis d'autre crime que celui de rester fidèle à sa conscience... » Prières et promesses inutiles, mes Frères, efforts impuissants ! Il fallait du sang à ces tigres, et du sang de prêtre surtout pour assouvir leur soif jacobine.

Arrivent le jour et l'heure annoncés pour l'exécution. L'échafaud, qui devait fonctionner pour la première fois, à Mauriac, est rapidement dressé sur la petite place Saint-Jean qui s'étend au chevet de votre belle église. (1) Vos pieux ancêtres, profondément impressionnés et écœurés, gagnent presque tous la campagne, ne voulant pas être les témoins attristés d'une si monstrueuse injustice. Les rues sont désertes et un silence de mort règne de toutes parts.

L'abbé Filiol paraît enfin, au milieu d'une double haie de gendarmes et de gardes nationaux...

Il s'avance lentement, mais d'un pas assuré et la tête découverte. Ses lèvres murmurent une dernière prière, une prière de pardon sans doute pour ses indignes bourreaux. Les yeux dirigés vers le ciel, comme pour y puiser le courage et la force du martyre, il marche à la mort avec ce calme, cette sérénité d'âme que peut seule donner la certitude d'une couronne immortelle.

Enfin ! nous voici arrivés au pied de l'échafaud. L'abbé Filiol en monte courageusement les

(1) Cette place devait alors son nom au patron de la chapelle absidiale qui touche à la sacristie.

degrés, sans avoir besoin du secours de personne.

Le voilà, mes Frères, parvenu au sommet du Calvaire, sans avoir jamais, hélas! connu le Thabor. C'est le moment du grand sacrifice; mais c'est aussi l'heure solennelle de la délivrance. Il remet à Catinon-Menette, qui ne l'a pas quitté un seul instant, le petit crucifix qu'il tenait à la main. (1) A un de ses bourreaux qui manifestait déjà son impatience, il donne quelques assignats avec la montre qu'il portait sur lui, en disant : « Je n'ai que cela, mais prenez-le et faites votre devoir, *car vous me rendez un grand service.* »

Quelques secondes après, mes Frères, sa tête tombait sous le couperet, tandis que son âme angélique, alors dégagée de tout liens, prenait son essor vers le ciel...

Plusieurs miracles s'opèrent aussitôt, avec son sang encore fumant. Comme autrefois les gardiens du Saint-Sépulcre, les bourreaux sont saisis de frayeur et s'écrient : « Nous sommes perdus, nous avons tué un saint ! »

« Mes Frères, je n'ai plus rien à ajouter : ce cri

(1) C'est un crucifix en fer-blanc, semé de petites fleurs de lis et surmonté d'un coq. Nous l'avons trouvé à Bouval, ainsi qu'un modeste calice en étain, dont l'abbé Filiol s'était servi le matin même de son arrestation.

(2) Nous avons le nom de ce bourreau qui n'était autre qu'un gendarme de Pleaux ; mais la charité nous fait un devoir de le taire.

Quant à la montre, qui a la vertu de guérir de la fièvre intermittente, elle est actuellement entre les mains de Monseigneur Pagis évêque de Verdun.

de la peur, arraché à de lâches et infâmes bourreaux, en dit plus long que tous les discours.

Et maintenant, mes bien chers Frères, avant que de descendre de cette chaire, me permettrez-vous de vous dire toute ma pensée ? Votre attention, si bienveillante et toujours soutenue semble m'y autoriser.

C'est la ville de Mauriac, la ville privilégiée de Marie, qui a condamné, qui a fait mourir l'abbé Filiol. Eh bien ! mes Frères, c'est pour elle une tache, aux yeux de l'impartiale histoire, une tache de sang qu'elle porte au front et qui ternit son passé pourtant si glorieux ; c'est une souillure, en un mot, la seule peut-être, mais que votre ville chrétienne doit laver par une prompte et pieuse réparation.

Déjà l'exemple vous en a été donné par votre vénéré et intelligent archiprêtre, Monseigneur Raymond, qui a bien voulu faire réparer de son mieux cette croix, qui vit mourir notre jeune héros, sur cette même place Saint-Jean où, pendant longtemps, et toujours à la même époque, poussaient de blanches pâquerettes que des mains pieuses cueillaient et conservaient avec soin. (1)

Vous aurez à cœur, mes Frères, je n'en doute pas — j'en ai pour garant votre foi et vos traditions d'honneur et de vertu — de suivre ce pieux

(1) On nous a assuré que certaines familles de Mauriac possédaient encore plusieurs de ces pâquerettes. Nous leur serions personnellement très reconnaissant de vouloir bien nous les montrer.

exemple et de protester à votre manière et selon vos ressources, contre une injustice criante de quelques douzaines de sans-culottes, gens déguenillés et faiseurs d'émeutes, qui osèrent même chasser, pour quelque temps, de son trône, votre illustre Dame, la Vierge immaculée. Vous voudrez enfin réparer de votre mieux cet outrage fait à votre Mère du Ciel par des mains impures et sacrilèges...

O courageux martyr, bienheureux abbé Filiol, vous, qui régnez aujourd'hui dans la gloire, intercédez auprès de Dieu pour cette noble et antique cité mauriacoise! Obtenez que la faiblesse de tant de chrétiens de nos jours se change tout à coup en force, comme autrefois, à la prière de Marie, l'eau se changea en vin, aux noces de Cana. Regardez et bénissez, du haut du ciel, cette vigne chérie, que vous avez arrosée jadis de votre sang virginal, et que la main de ses dignes ouvriers (1) cultive avec tant d'intelligence et de soin : *Respice de cœlo, et vide, et visita vineam istam !*

Amen.

12 janvier 1896.

(1) Mgr Raymond, archiprêtre : MM. Bastide, Magnac et Borderie, vicaires.

FIN

TABLE DES MATIÈRES

Aurillac, Imprimerie Moderne

www.ingramcontent.com/pod-product-compliance
Ingram Content Group UK Ltd.
Pitfield, Milton Keynes, MK11 3LW, UK
UKHW021126220726
13924UKWH00004B/1920